KB232921

일본어 첫걸음

정현혁·이구치 케이나 공저

제이엔씨
Publishing Company

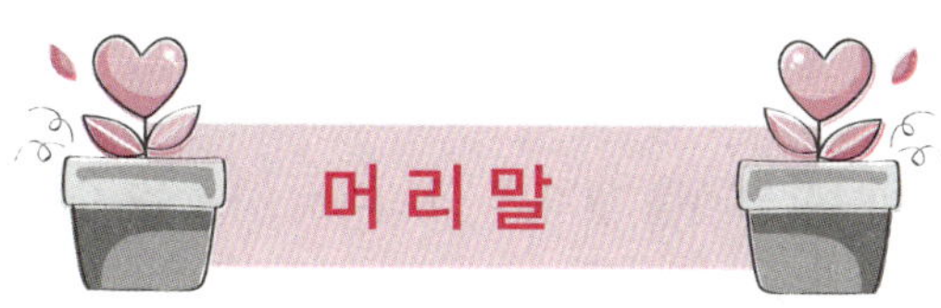

　지금까지 한국에서 출판된 일본어 초급교재들은 대부분 상대가 소원한 관계일 때를 전제로 한 상황중심으로 구성되어 있어 일본어 초급학습자들이 회화문을 실생활에 바로 사용하기 어려운 점이 많았다. 특히 일본어는 한국어와 비슷하게 상하친소에 따라 표현을 달리하는 경어법이 발달된 언어인데 초급단계라는 제약으로 일본어 초급단계를 대상으로 할 때 정중한 표현만을 제시하는 데 그치는 교재가 대부분이었다. 이 상태로는 일본어 초급단계를 마스터한 학생이 일본에 가서도 친한 사이나 초등학생과 같은 어린 아이에게 적절한 표현을 사용할 수 없다고 말할 수 있다.

　이러한 이유에서 이 교재는 일본어의 초급단계임에도 불구하고 상대에 따라서 같은 장면에서 어떻게 표현이 바뀌어지는 지를 구체적으로 제시하고 회화문을 바로 그 상황에서 사용할 수 있도록 만들었다. 특히 남녀에 따라 표현에 차이가 있기 때문에 기본적으로 남자버전과 여자버전으로 나누어 회화문을 제시하였고 문법사항도 초보적인 것만이 아닌 가장 일반적으로 쓰이는 것까지 망라해서 실용적으로 사용할 수 있도록 구성하였다.

　1과부터 3과까지는 일본어 문자와 발음을 제시하여 일본어의 기초적인 것을 학습하고, 4과부터 13과까지는 상대에 따라 표현을 달리하는 회화를 본격적으로 학습할 수 있도록 하였다. 구체적인 구성은 [새로운 단어], [기본 회화], [포인트 체크], [베리에이션(バリエーション)], [쉬어가기], [말하기 연습], [방언으로 듣는 모모타로우]이다. 여기에서 [기본회화]는 일단 기존의 초급교재에서 많이 다루는 상대가 소원하거나 손 윗사람일 경우로 제시하여 일본어 초급학습자가 기본표현을 우선 익힐 수 있도록 하였다. 그 후 [베리에이션] 부분에서 친한 사이 또는 어린아이의 경우와 같이 같은 상황에서 다양한 상대에 따른 표현의 변화를 제시하여 심화학습이 가능하도록 하였다. 또한 이 부분에서 익힌 표현을 실질적으로 [말하기 연습]에서 실전연습을 할 수 있도록 구성하였다. [방언으로 듣는 모모타로우]에서는 모모타로우를 일본 각지 방언버전으로 제시하여 일본 각지의 방언을 몸소 체험해 볼 수 있도록 하였다.

　일본어 초급학습자들이 이 교재를 필자의 의도대로 사용하여 초급수준의 회화라면 상대가 누구라도 원활하게 커뮤니케이션을 할 수 있도록 되기를 바란다. 끝으로 이 교재가 출판되기까지 많은 배려와 노고를 아끼지 않으신 도서출판 제이앤씨의 윤석현 사장님께 이 자리를 빌어 감사의 말씀을 드린다.

2016년 2월
이문동 연구실에서

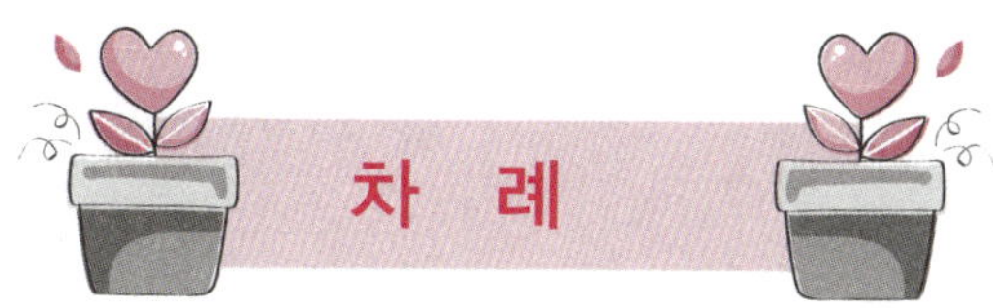

차 례

第 **1** 課

일본어의 문자와 로마자 표기

[학습내용]

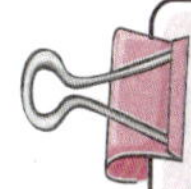

- □ 일본어의 문자와 오십음도
- □ 히라가나 오십음도의 발음
- □ 히라가나 쓰기
- □ 일본어의 로마자 표기

かいせきりょうり
懐石料理

일본어를 표기할 때 일반적으로 사용되는 문자는 한자(漢字), 히라가나(平仮名), 가타카나(片仮名)이다. 이 밖에 숫자나 로마자도 쓰인다.

▍한자(漢字)

일본어의 표준적인 표기는 한자와 히라가나 또는 한자와 가타카나를 혼합해서 쓰는 것이다. 또한 띄어쓰기를 하지 않는 것이 원칙이다. 띄어쓰기를 하지 않아도 문제가 생기지 않는 이유는 히라가나와 한자표기가 연속될 때 한자 앞에서 끊어 읽으면 대부분 의미가 통하기 때문이다.

1981년에는 일상생활에서 널리 쓰이는 한자 1945자를 상용한자(常用漢字)로 정하여 사용하였는데 이 한자에 수정이 가해져 2010년 이후부터는 2136자의 상용한자(常用漢字)가 사용되어 지고 있다.

▍히라가나(平仮名)

약 10세기경 한자를 간략화하여 초서체로 쓰는 가운데 생겨난 문자로 한문이 익숙지 않은 여성들이나 남성들이 와카(和歌)를 지을 때 사용되었다. 히라가나라는 명칭이 붙여진 것은 에도(江戸)시대(1603-1867)로 이전에는 온나데(女手) 또는 그냥 가나(仮名)라고 불리워졌다. 초창기에는 한 음절을 나타내는데 여러 개의 히라가나가 사용되는 것이 일반적이었는데 1900년 소학교시행규칙개정(小学校施行規則改正)에 의해 기본적으로 1음절에 한 개의 히라가나가 사용되어 지게 되었다.

まっちゃ
抹茶

❘ 현재 사용하는 히라가나의 字源 ❘

あ安　い以　う宇　え衣　お於
か加　き幾　く久　け計　こ己
さ佐　し之　す寸　せ世　そ曾
た太　ち知　つ川　て天　と止
な奈　に仁　ぬ奴　ね禰　の乃
は波　ひ比　ふ不　へ部　ほ保
ま末　み美　む武　め女　も毛
や也　　　　ゆ由　　　　よ与
ら良　り利　る留　れ礼　ろ呂
わ和　　　　　　　　　　を遠
ん无

❘ 가타카나(片仮名)

漢籍이나 불교경전을 읽을 때 行間이나 빈 공간에 메모하기 위해서 고안된 略字体나 생략화된 글자의 字体가 가타카나(片仮名)의 출발점이 되었다. 이 가타카나의 체계가 성립된 것은 10세기 경이다. 가타카나는 주로 외래어, 의성어, 의태어 등에 쓰여졌으나 점차 그 사용 범위를 넓혀 강조하기 위한 표기로도 쓰인다.

오늘날 사용하고 있는 자체로 통일된 것은 명치(明治)33년(1900년) [小学校令]이 발표되고 난 이후이다.

❘ 현재 사용하는 가타카나의 字源 ❘

ア阿　イ伊　ウ宇　エ江　オ於
カ加　キ幾　ク久　ケ介　コ己
サ散　シ之　ス須　セ世　ソ曾
タ多　チ千　ツ州　テ天　ト止
ナ奈　ニ二　ヌ奴　ネ祢　ノ乃
ハ八　ヒ比　フ不　ヘ部　ホ保
マ万　ミ三　ム牟　メ女　モ毛
ヤ也　　　　ユ由　　　　ヨ与
ラ良　リ利　ル流　レ礼　ロ呂
ワ和　　　　　　　　　　ヲ乎
ン(字源不明)

　　본래 한자음표기의 보조수단으로 이용되던 것이 현재는 일본어의 음과 문자를 체계적으로 익히기 위한 수단으로 이용된다. 세로로는 a(あ), i(い), u(う), e(え), o(お)의 5개의 단(段)이 있고 가로로는 a(あ), ka(か), sa(さ), ta(た), na(な), ha(は), ma(ま), ya(や), ra(ら), wa(わ)의 10개의 행(行)으로 구성된다. 구성상으로 보면 50개의 문자와 음이 있어야 하지만 시대의 흐름에 따라 음이 같아지고 표기법이 변화함에 따라 현재는 50개의 문자 중에서 46개의 문자만이 존재한다.

　　야(や)행의 i음, e음은 아(あ) 행과 와(わ)행의 i음, e음과 같아 현대의 일본어 표기법에서는 아(あ) 행의 「い」「え」 표기만을 인정하여 야(や)행과 와(わ)행의 i음, e음의 표기는 따로 표기하지 않는다. 또한 아(あ) 행의 u음, o음과 와(わ)행의 u음, o음도 같은 음으로 발음되는데 현대의 일본어 표기법에서는 와(わ)행의 u음표기를 아(あ) 행의 u음표기인 「う」로 통합하여 표기하고, 와(わ)행의 o음은 아(あ) 행의 o음과 음은 같지만 조사 「を」의 전용표기로 하여 아(あ) 행의 o음표기인 「お」와 다르게 표기한다. 특히 일본어의 발음(撥音)을 나타내는 「ん」 문자가 나중에 오십음도(五十音図)에 포함되어 현재까지 사용되고 있다. 오십음도(五十音図)는 다음과 같다.

	a행	ka행	sa행	ta행	na행	ha행	ma행	ya행	ra행	wa행	
a단	あ a[a]	か ka[ka]	さ sa[sa]	た ta[ta]	な na[na]	は ha[ha]	ま ma[ma]	や ya[ja]	ら ra[ɾa]	わ wa[wa]	
i단	い i[i]	き ki[ki]	し si[ʃi]	ち ti[tʃi]	に ni[ɲi]	ひ hi[çi]	み mi[mi]		り ri[ɾi]		
u단	う u[ɯ]	く ku[kɯ]	す su[sü]	つ tu[tsü]	ぬ nu[nɯ]	ふ hu[ɸɯ]	む mu[mɯ]	ゆ yu[jɯ]	る ru[ɾɯ]		
e단	え e[e]	け ke[ke]	せ se[se]	て te[te]	ね ne[ne]	へ he[he]	め me[me]		れ re[ɾe]		
o단	お o[o]	こ ko[ko]	そ so[so]	と to[to]	の no[no]	ほ ho[ho]	も mo[mo]	よ yo[jo]	ろ ro[ɾo]	を o[o]	ん N

* 로마자(왼쪽)는 훈령식로마자표기법 제1표에 의한 표기이며 [ ]안의 표기는 실제 발음표기임.

	a행	ka행	sa행	ta행	na행	ha행	ma행	ya행	ra행	wa행	
a단	あ a[a]	か ka[ka]	さ sa[sa]	た ta[ta]	な na[na]	は ha[ha]	ま ma[ma]	や ya[ja]	ら ra[ɾa]	わ wa[wa]	
i단	い i[i]	き ki[ki]	し si[ʃi]	ち ti[tʃi]	に ni[ɲi]	ひ hi[çi]	み mi[mi]		り ri[ɾi]		
u단	う u[ɯ]	く ku[kɯ]	す su[sɯ̈]	つ tu[tsɯ̈]	ぬ nu[nɯ]	ふ hu[ɸɯ]	む mu[mɯ]	ゆ yu[jɯ]	る ru[ɾɯ]		
e단	え e[e]	け ke[ke]	せ se[se]	て te[te]	ね ne[ne]	へ he[he]	め me[me]		れ re[ɾe]		
o단	お o[o]	こ ko[ko]	そ so[so]	と to[to]	の no[no]	ほ ho[ho]	も mo[mo]	よ yo[jo]	ろ ro[ɾo]	を o[o]	ん N

▌오십음도(五十音図) 각 행의 발음

일본어의 청음(清音)은 탁음(濁音) 또는 반탁음(半濁音)을 붙이지 않은 가나로 나타내는 음절(박)로 탁음 이외의 모든 음절(박)을 말한다. 즉 あ, か, さ, た, な, は, ま, や, ら, わ행과 きゃ, しゃ, ちゃ, にゃ, ひゃ, みゃ, りゃ 등의 拗音음절이다.

우선 여기서는 오십음도(五十音図)에 들어가는 あ, か, さ, た, な, は, ま, や, ら, わ행의 청음 발음에 대해 살펴본다.

[1] あ행의 발음

 あ[a]

입술을 동그랗게 하지 않고 입을 가장 넓게 벌린 중설모음으로 한국어의 '아'와 거의 같은 음으로 발음한다.

い[i]

입술을 동그랗게 하지 않고 입을 가장 적게 벌린 전설모음으로 한국어의 '이'와 거의 흡사하게 발음한다.

🎧 う[ɯ]

입술을 적게 벌린 후설모음으로 입술을 동그랗게 모으지 않는다. 이 음은 한국어의 '우'가 입술을 동그랗게 오므리는 반면 일본어의 'う'음은 입술을 동그랗게 오므리지 않는 특징이 있다. 한국어의 '으'와 '우'의 중간 정도로 발음하면 무난하다. 한국인에게는 특히 주의를 요하는 발음이다.

🎧 え[e]

입술을 동그랗게 오므리지 않고 입은 일본어의 'い' 'あ'의 중간 정도로 벌리는 전설모음이다. 한국어의 '에'와 거의 비슷하게 발음하면 된다.

🎧 お[o], を[o]

입 벌림을 거의 일본어의 'え'와 거의 비슷한 정도로 하는 후설모음이다. 입술을 동그랗게 내밀지만 별로 입술에 긴장은 하지 않고 발음한다. 한국어의 '오'와 거의 비슷한 음이지만 그다지 입술을 앞으로 내밀지 않는 특징이 있다.

위와 같이 일본어의 단모음은 aiueo로 5개가 있다. 이 단모음에 기본적으로 자음 k, s, t, n, h, m, j, r, w를 붙여 다른 행의 발음을 하게 된다. 때문에 이 단모음 aiueo를 확실히 발음하고 연습할 필요가 있다. 이 단모음을 이용한 단어는 아래와 같다.

🎧 あい 사랑　　いえ 집　　うえ 위　　えい 가오리　　おに 도깨비

[2] か 행의 발음

🎧 か[ka]　　き[ki]　　く[kɯ]　　け[ke]　　こ[ko]

자음 [k]는 입천장 안쪽의 부드러운 부분에 혀 안쪽이 닿은 상태에서 출발하여 갑자기 파열시켜 폐로부터의 공기가 나오게 하여 소리를 낸다. 이 때 성대는 떨리지 않게 한다. き의 음을 발음할 때는 かくけこ를 발음할 때보다 혀 안 쪽과 입천장 안쪽의 부드러운 부분의 닿는 위치가 조금 더 앞으로 나오게 된다. 이 음을 한국어로 발음할 때는 '카키쿠케코'의 음을 약하게 발음한다는 식으로 하면 무난하다. 특히 주의할 점은 단어의 중간이나 끝에서 '가기구게고'와 같이 발음해서는 안 된다. 여기에 해당하는 음이 들어간 단어를 통해 제시하면 아래와 같다.

🎧 かわ 하천　　き 나무　　くり 밤　　けが 상처　　こし 허리

[3] さ행의 발음

さ[sa]　し[ʃi]　す[sü]　せ[se]　そ[so]

자음 [s]는 혀 끝을 윗 니 바로 뒤의 딱딱한 살 부분에 접근시켜 폐로부터의 공기를 마찰시켜 소리를 낸다. し 경우의 자음 [ʃ]는 자음 [s]보다 조금 더 안 쪽에 혀 끝을 접근시켜 마찰시켜 소리를 낸다. 양 쪽 모두 성대는 떨리지 않게 한다. 여기에서 일본어의 'さしせそ'의 음은 한국어로 '사시세소'로 발음하면 무난하다. 단 す[sü]는 다른 행의 う음 보다 더 앞 쪽에서 소리가 나는 음으로 한국어로는 '수'가 아닌 '스'로 발음하는 것이 적당하다. 여기에 해당하는 음이 들어간 단어를 통해 제시하면 아래와 같다.

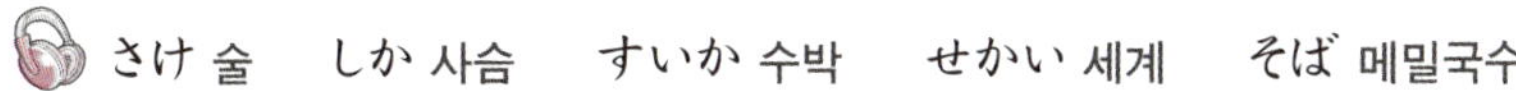

さけ 술　しか 사슴　すいか 수박　せかい 세계　そば 메밀국수

[4] た행의 발음

た[ta]　て[te]　と[to]

자음 [t]는 혀 끝을 윗 니 바로 뒤의 딱딱한 살 부분에 붙였다가 급히 파열시켜 폐로부터의 공기를 나가게 하여 소리를 낸다. 이 때 성대는 떨리지 않는다. 일본어의 'たてと'의 발음은 한국어의 '타테토'를 약하게 발음하면 무난하다.

ち[tʃi]

자음 [tʃ]는 혀 끝을 윗 니 바로 뒤의 딱딱한 살 부분 보다 조금 더 안 쪽에 붙였다가 조금 열어 그 사이로 폐로부터의 공기가 지나가게 하여 마찰시켜 소리를 낸다. 이 때 성대는 떨리지 않는다. 일본어의 'ち'음은 한국어로는 어두에서 '치'에, 어중이나 어말에서는 '찌'에 가깝게 한국어 발음보다는 약하게 발음하면 된다.

つ[tsü]

자음[ts]는 혀 끝을 윗 니 바로 뒤의 딱딱한 살 부분에 붙였다가 조금 열어 그 사이로 폐로부터의 공기가 지나가게 하여 마찰시켜 소리를 낸다. 이 때 성대는 떨리지 않는다. 특히 이 음은 일본어의 'う'단임에도 불구하고 모음의 발음을 '우'가 아닌 '으'에 가깝게 발음한다는 것에는 주의를 요한다.

일본어의 'つ'음은 한국어로는 '쯔'가 가장 가까운 음이지만 혀 끝을 세워 윗 니 바로 뒤의 딱딱한 살 부분에 붙인다는 것이 차이가 난다. 한국어의 '쓰'가 되지 않게 주의해야 한다.

여기에 해당하는 음이 들어간 단어를 통해 제시하면 아래와 같다.

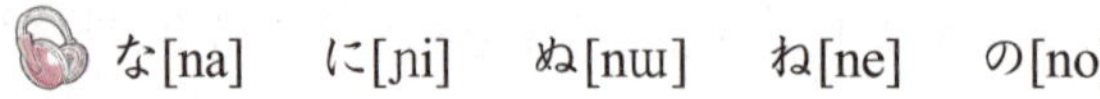 たけ 대나무　　ち 피　　つくえ 책상　　てんき 날씨　　ともだち 친구

[5] な행의 발음

な[na]　　に[ɲi]　　ぬ[nɯ]　　ね[ne]　　の[no]

자음 [n]은 혀 끝을 윗 니 바로 뒤의 딱딱한 살 부분에 붙였다가 떼면서 소리를 내는데 이 때 폐로부터의 공기를 입으로가 아니라 코 쪽으로 보낸다는 특징이 있다. 이 때 성대는 떨리게 된다.

자음 [ɲ]는 뒤에 모음 [i]가 올 때 나타나는 음으로 혀 끝을 바로 뒤의 딱딱한 살 부분보다 조금 안 쪽에 붙였다가 떼면서 소리낸다는 것 외에는 모두 자음 [n]의 경우와 마찬가지이다.

일본어의 '나니누네노'의 발음은 한국어의 '나니누네노'의 발음과 흡사하므로 한국어식으로 발음해도 무난하다. 여기에 해당하는 음이 들어간 단어를 제시하면 아래와 같다.

なし 배　　にし 서쪽　　ぬの 천　　ねこ 고양이　　のり 김

[6] は행의 발음

は[ha]　　ひ[çi]　　ふ[ɸɯ]　　へ[he]　　ほ[ho]

자음 [h]는 성대의 성문을 좁혀서 그 사이로 폐로부터의 공기가 나오면서 마찰을 일으켜 내는 소리이다. 이 때 성대의 떨림은 일어나지 않는다. 일본어의 'はへほ'의 자음이 여기에 해당된다.

자음 [ç]는 혀 중간부분을 입천장 중간부분의 오돌토돌한 부분에 접근시켜 그 사이로 혀로부터의 공기가 나오면서 마찰을 일으켜 내는 소리이다. 이 때 성대의 떨림은 일어나지 않는다. 일본어 'ひ'의 자음이 여기에 해당된다.

자음 [ɸ]는 양 입술을 좁혀 그 사이로 폐로부터의 공기가 나오면서 마찰을 일으켜 내는 소리이다. 이 때 성대의 떨림은 일어나지 않는다. 일본어 'ふ'의 자음이 여기에 해당된다.

일본어 'はひふへほ'의 발음은 한국어 '하히후헤호'의 발음과 흡사하기 때문에 한국식으로 발음해도 큰 문제는 되지 않는다. 하지만 한국어의 경우 '하히후헤호'의 [h]발음이 어중이나 어말에서 모음 또는 비음에 둘러 쌓이게 되면 '아이우에오'와 같은 발음이 되는 현상이 있는데 일본어는 거의 그대로 '하히후헤호'로 발음이 되기 때문에 주의를 요한다. 어중이나 어말에서도 '하히후헤호'와 같이 [h]음을 확실히 발음하는 것이 중요하다. 여기에 해당하는 음이

들어간 단어를 제시하면 아래와 같다.

🎧 はな 꽃   ひよこ 병아리   ふね 배   へや(部屋) 방   ほし 별

[7] ま행의 발음

🎧 ま[ma]   み[mi]   む[mɯ]   め[me]   も[mo]

자음 [m]은 양 입술을 다물었다가 열면서 소리를 내는데 이 때 폐로부터의 공기를 코로 보낸다. み의 자음은 뒤에 모음 [i]가 이어질 때 나는 음으로 [m]보다는 구개화된 음이다.

일본어의 'まみむめも'는 한국어 '마미무메모'의 음과 비슷하므로 한국식으로 발음해도 된다. 여기에 해당하는 음이 들어간 단어를 제시하면 아래와 같다.

🎧 まめ 콩   みみ 귀   むし 벌레   め 눈   もも 복숭아

[8] や행의 발음

🎧 や[ja]   ゆ[ju]   よ[jo]

반모음 [j]는 혀 중간보다 조금 앞 부분을 입천장 중간부분의 오돌토돌한 부분에 접근시켜 그 사이로 혀로부터의 공기가 나오면서 마찰을 일으켜 내는 소리이다. 이 때 성대는 떨리게 된다. 마찰이 약하고 모음 [i]에 가까운 점에서 반모음으로 취급한다.

일본어의 'やゆよ'발음은 한국어의 '야유요'와 비슷하게 발음하면 된다. 단지 일본어의 'ゆ' 발음은 입술을 동그랗게 내밀지 않는다는 점에 주의해야 한다. 여기에 해당하는 음이 들어간 단어를 제시하면 아래와 같다.

🎧 やま 산   ゆり 백합   よる 밤

[9] ら행의 발음

🎧 ら[ɾa]   り[ɾi]   る[ɾɯ]   れ[ɾe]   ろ[ɾo]

자음 [ɾ]은 혀 끝을 구부려 그 끝을 윗 니 뒤의 딱딱한 부분에 붙였다가 한 번 튕기듯이 떼면서 소리를 낸다. 이 때 성대는 떨리게 된다. り의 자음은 자음 [ɾ]보다 구개화된 음이다.

이 'らりるれろ'의 음은 한국어의 '라리루레로'의 음과 흡사하므로 한국식으로 발음하면 무난 하다. 여기에 해당하는 음이 들어간 단어를 제시하면 아래와 같다.

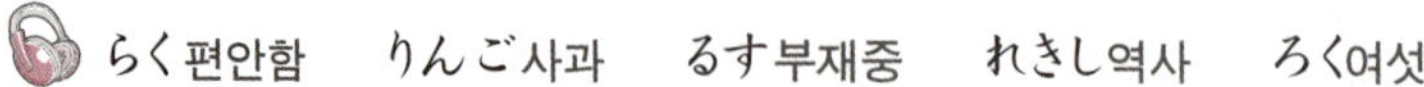 らく 편안함　　りんご 사과　　るす 부재중　　れきし 역사　　ろく 여섯

[10] わ행의 발음

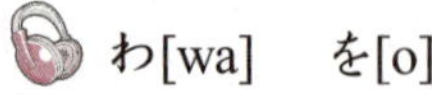 わ[wa]　　を[o]

반모음 [w]는 양 입술을 좁힌 상태에 폐로부터의 공기가 마찰되면서 나오는 소리이다. 이때 성대는 떨리게 된다. 그런데 이 [w]는 마찰이 극히 약하며 모음 [ɯ]에 가까운 반모음이다. 영어의 [w]와 같이 입술을 동그랗게 해서 발음하는 것이 아니라 모음 [ɯ]의 입술 상태를 조금 좁힌 형태의 음으로 지속시간도 짧고 곧바로 모음 [a]로 옮겨지는 음이다.

일본어의 'わ'음은 한국어와 달리 입술을 동그랗게 내밀지 않는 상태로 '와'를 발음한다. 일본어의 'を'음은 'お'와 음이 같다. 단지 「を」는 목적격조사 (～을, ～를)전용으로만 사용되며 표기만 다를 뿐이다. 여기에 해당하는 음이 들어간 단어를 제시하면 아래와 같다.

わるい 나쁘다　　わたしを 나를

ケーキ(洋菓子)

1. 다음 중 あ行의 순서로 맞는 것은?

① あーおーいーうーえ　　② あーうーえーおーい

③ あーいーうーえーお　　④ あーえーおーうーい

2. 다음 중 は行의 순서로 맞는 것은?

① はーひーふーへーほ　　② はーふーへーひーほ

③ はーほーへーひーふ　　④ はーへーほーふーひ

3. 다음 중 같은 행의 히라가나가 아닌 것은?

① さ　　　　　　　　　② し

③ す　　　　　　　　　④ ち

4. 다음 중 た行 다음에 오는 행은?

① な行　　　　　　　　② や行

③ ま行　　　　　　　　④ ら行

5. お段의 순서가 맞는 것은?

① おーこーとーそーのーもーほーよーろーを

② おーこーそーとーのーほーもーよーろーを

③ おーこーそーのーとーほーもーろーよーを

④ おーこーそーとーほーのーもーよーろーを

6. 다음 중 같은 단의 히라가나가 아닌 것은?

① き   ② ち
③ ぬ   ④ り

7. 다음 단어 중에서 사전의 가장 처음에 오는 것은?

① せかい   ② まめ
③ みみ   ④ くり

8. 다음 단어를 사전에서 찾을 경우 그 순서가 맞는 것은?

(1) らく　(2) ゆき　(3) ほし　(4) りす

① (2) (3) (1) (4)   ② (3) (1) (4) (2)
③ (3) (2) (4) (1)   ④ (3) (2) (1) (4)

ステーキ(洋食)

정답	1	2	3	4	5	6	7	8
	③	①	④	①	②	③	④	④

KY式 日本語

[KY]=Kuuki Yomenai(空気読めない)

주위의 상황이나 그 상황을 둘러싼 사람들의 생각 등, 거기에 있는 암묵적인 양해를 전혀 개의치 않는 언동이나 사고를 하는 것. 또는 그런 사람.

A: 木村部長って単身の赴任なの？　野村次長ったら『独身生活がうらやましいですよ』っ

て言ってた。

기무라 부장 말이야 혼자 부임가는 거야? 노무라 차장은 말이야 "독신생활 부럽네요"라고 말하던데.

B: 誰が見たって本人落ち込んでるのに。本当にKY。

누가 봐도 본인은 침울해하던데 말이야. 정말 분위기 파악 못하지[KY].

인터넷 게시판에서는 「空気嫁(空気読め)」표기로 이전부터 널리 사용되어져 오다가, 2007년, 참의원 선거에서 패한 자민당의 아베 개조내각이 「KY내각」으로 평가되어졌던 것이 계기가 되어 로마자 약어 형태로 전국적으로 퍼졌다.

※ KY式 日本語 : 일본어를 로마자 표기로 했을 때, 문절, 어, 어를 구성하는 부분 등의 첫 글자에 오는 로마자를 가지고 나타낸 약어를 말한다.

北原保雄編著(2008)『KY式日本語』大修館書店より

▌히라가나 보고쓰기

  히라가나는 원래 한자를 흘려 쓰는 것에서 기원했기 때문에 각 글자마다 한자의 자원이 있다. 예를 들어 「あ」의 자원(字源)은 '安'이며, 「に」의 자원은 '仁'이다. 자원을 확인하면서 각 히라가나를 순서에 맞게 써 보세요.

[1] あ행

히라가나	쓰기연습								자원
あ									安
い									以
う									宇
え									衣
お									於

そば定食

히라가나	쓰기연습									자원
か										加
き										幾
く										久
け										計
こ										己

[3] さ행

히라가나	쓰기연습									자원
さ										左
し										之
す										寸
せ										世
そ										曾

히라가나	쓰기연습								자원
た									太
ち									知
つ									川
て									天
と									止

히라가나	쓰기연습								자원
な									奈
に									仁
ぬ									奴
ね									称
の									乃

히라가나	쓰기연습									자원
は										波
ひ										比
ふ										不
へ										部
ほ										保

[7] ま행

히라가나	쓰기연습									자원
ま										末
み										美
む										武
め										女
も										毛

히라가나	쓰기연습							자원
や								也
ゆ								由
よ								与

히라가나	쓰기연습							자원
ら								良
り								利
る								留
れ								礼
ろ								呂

히라가나	쓰기연습							자원
わ								和
を								遠

히라가나	쓰기연습							자원
ん								无

일본어의 로마자 표기

　일본어의 히라가나나 가타카나의 음을 로마자로 표기할 때는 현재 1954년 내각고시 제1호로 발표된 훈령식(訓令式) 표기법에 따르는 것이 일반적이다. 이 표기법에서는 일반적인 일본어를 나타낼 때는 제1표에 따르고 국제적 관계나 그 밖의 종래의 관례를 갑자기 바꾸기 어려운 사정이 있는 경우에 한해서 제2표의 표기법을 따라도 무방한 것으로 되어있다. 이하 제1표와 제2표를 제시하면 다음과 같다.

▌訓令式 로마자 표기법 ▌

제1표

a	i	u	e	o			
ka	ki	ku	ke	ko	kya	kyu	kyo
sa	si	su	se	so	sya	syu	syo
ta	ti	tu	te	to	tya	tyu	tyo
na	ni	nu	ne	no	nya	nyu	nyo
ha	hi	hu	he	ho	hya	hyu	hyo
ma	mi	mu	me	mo	mya	myu	myo
ya	(i)	yu	(e)	yo			
ra	ri	ru	re	ro	rya	ryu	ryo
wa	(i)	(u)	(e)	(o)			
ga	gi	gu	ge	go	gya	gyu	gyo
za	zi	zu	ze	zo	(zya)	(zyu)	(zyo)
da	(zi)	(zu)	de	do	dya	dyu	dyo
ba	bi	bu	be	bo	bya	byu	byo
pa	pi	pu	pe	po	pya	pyu	

sha	shi	shu	sho
		tsu	
cha	chi	chu	cho
		fu	
ja	ji	ju	jo
	di	du	
dya		dyu	dyo
kwa			
gwa			
			wo

　현행의 일본어 교과서는 제1표와 제2표를 섞어서 쓰는 경향이 짙다, 예를 들어 일본어의 'し'를 'si'로 표기하는 교과서도 있지만 'shi'로 표기하는 교과서도 있다. 특히 일본어의 'ち' 'つ'를 발음에 가깝게 표기한다는 의도 하에 많은 교과서에서 'chi' 'tsu'의 표기를 하고 있다. 그런데 여기서 주의할 것은 이 표기는 어디까지나 일본어 음을 로마자로 표기할 때의 표기법이지 발음이 아니라는 것에 주의해야 한다. 이 표기를 그대로 발음으로 인식하는 오류를 범해서는 안 된다. 이 강의에서는 제1표에만 의거하여 일본어음을 로마자로 표기했다.

焼きそばロール

방언으로 듣는 모모타로우

┃京都府(きょうとふ) 京都市(きょうとし) 방언화자의 모모타로우 

ムカシ　ムカシ　アルトコロニ　オジイサント　オバアサンガ　イハリマシタヨ
옛날　　옛날　　어떤 곳에　　할아버지와　　할머니가　　　있었습니다.

オジイサンハ　ヤマニ　シバカリニ　オバアサンハ　カワヘ　センタクニ　イッタノ
할아버지는　　산에　　나무하러　　할머니는　　　개울에　빨래를 하러 갔습니다.

オバアサンガ　センタクシテイルト　カワカンカラ　オオキナモモガ
할머니가　　　빨래를 하고 있는데　냇가 윗 쪽에서　커다란 복숭아가

ドンブラコ　ドンブラコト　ナガレテキマシタ
둥실　　　　둥실　　　　떠내려 왔습니다.

オバアサンハ　ソノモモヲヒロッテ　イエヘ　カエッタン
할머니는　　　그 복숭아를 주워서　집으로　돌아왔습니다.

オバアサンガ　モモヲキロウトスルト　モモガ　　フタツニワレテ
할머니가　　　복숭아를 자르려고 하자　복숭아가　두 개로 갈라져

ナカカラ　オーキナ　オトコノコガ　ウマレタンヤデ
안에서　　커다란　　남자아이가　　태어났습니다.

オジイサント　オバアサンハ　ソノコニ　　　モモタロウトイウナヲ　　ツケタンヤ
할아버지와　　할머니는　　　그 아이에게　모모타로우라고 하는 이름을 붙였습니다.

▌ 京都府(きょうとふ)京都市(きょうとし) 방언의 특색

- イハリマシタ いらっしゃいました。「ハル」는 존경어.

- 「ツケタンヤ」(つけたんだ)와 같이 「〜だ」라고 할 때 「ヤ」를 사용함. 교토를 기점으로 하여 近畿지방에 널리 보이는 현상.

- 「ウマレタンヤデ」(生まれたんだよ)는 「〜だ(よ)」등 과 같이 의미를 강하게 하기 위해서 문말에 「デ」를 붙임.

- 동경식 악센트와 다른 것이 많은 것도 특색의 하나. 예를 들면 동경식 악센트에서는 「ヤマエ」(○●○) 「カワエ」(○●○)라고 발음하는 것을 「ヤマエ」(●○○), 「カワエ」(●○○) 라고 발음함.

- 共通語에 의한 「桃太郎」

むかし むかし ある ところに おじいさんと おばあさんが ありました。

おじいさんは 山へ しばかりに おばあさんは 川へ せんたくに 行きました。

おばあさんが せんたくを していると 川上から 大きな ももが

どんぶらこ どんぶらこと 流れてきました。

おばあさんは その ももを ひろって 家へ かえりました。

おばあさんが ももを 切ろうと すると ももが ふたつに われて中から 大きな 男の子が

生まれました。

おじいさんと おばあさんは その 子に 桃太郎と いう 名前を つけました。

佐藤亮一(さとうりょういち)監修(2002)『方言の地図帳』小学館より

第2課

濁音, 半濁音, 拗音, 撥音, 促音, 長音의 발음과 쓰기

[학습내용]

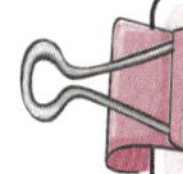

- □ 濁音, 半濁音의 발음
- □ 濁音, 半濁音의 히라가나 쓰기
- □ 拗音의 발음과 히라가나 쓰기
- □ 撥音, 促音, 長音의 발음과 히라가나 쓰기

先付：前菜
（さきづけ：ぜんさい）

일본어 濁音, 半濁音의 발음

(1) 濁音의 발음

- 濁音은 淸音에 대립하는 개념으로 仮名의 오른쪽 위에 濁点을 찍어서 나타내는 음절(박)이다.
- 「が·ざ·だ·ば」行의 각행과 「ぎゃ, じゃ, ぢゃ, びゃ」「ぎゅ, じゅ, ぢゅ, びゅ」「ぎょ, じょ, ぢょ, びょ」의 음절(박)을 말한다.
- 이 음들의 특징은 모두 발음할 때 성대가 울린다.

[1] が行의 발음

が[ga], ぎ[gi], ぐ[gɯ], げ[ge], ご[go]
が[ŋa], ぎ[ŋi], ぐ[ŋɯ], げ[ŋe], ご[ŋo]

が行의 자음[g]는 어두에 올 때 나는 음으로 자음[K]음과 마찬가지로 입천장 안쪽의 부드러운 부분에 혀 안쪽이 닿은 상태에서 출발하여 갑자기 파열시켜 폐로부터의 공기가 나오게 하여 소리를 낸다. 단 [K]음과 다른 점은 성대가 떨린다는 점이다. ぎ[gi] 음을 발음할 때는 がぐげご를 발음할 때보다 혀 안 쪽과 입천장 안쪽의 부드러운 부분의 닿는 위치가 조금 더 앞으로 나오게 된다.

어두 이외의 위치에 나타날 때는 비음[ŋ]으로 나타나는데 이 음은 [g]음과 같은 방법으로 발음하면서도 다른 점은 폐로부터의 공기를 코로 대부분 보내고 입으로는 거의 나오지 않게 하는 특징이 있다. 이 음을 ガ行鼻濁音이라고 하는데 요사이 젊은이들은 발음하지 못하고 [g]음으로 발음하는 경향이 있다.

が[ga], ぎ[gi], ぐ[gɯ], げ[ge], ご[go]의 음은 한국어로 [으가], [으기], [으구], [으게], [으고]와 같이 발음하면 무난하다.

청음과 탁음을 구분 지어 들어 보자.

か[ka], き[ki], く[kɯ], け[ke], こ[ko]
が[ga], ぎ[gi], ぐ[gɯ], げ[ge], ご[go] / が[ŋa], ぎ[ŋi], ぐ[ŋɯ], げ[ŋe], ご[ŋo]

단어형태로 들어보자.

がくせい 학생　ぎんこう 은행　ぐち 푸념　　げんき 건강한 모양　ごご 오후
てがみ 편지　かぎ 열쇠　　なぐる 때리다　かげ 그림자　　　いご 이후

[2] ざ行의 발음

ざ[dza], じ[dʑi], ず[dzü], ぜ[dze], ぞ[dzo]

語頭나 撥音의 뒤에 나타나는 ざ, ず, ぜ, ぞ의 자음은, 혀 끝을 윗니 바로 뒤의 딱딱한 살 부분에 붙였다가 조금 열어 그 사이로 폐로부터의 공기가 지나가게 하여 마찰시켜 소리를 낸다. 이 때 성대는 떨리게 된다. じ의 자음은 혀 끝을 윗니 바로 뒤의 딱딱한 살 부분 보다 조금 더 안 쪽에 붙였다가 조금 열어 그 사이로 폐로부터의 공기가 지나가게 하여 마찰시켜 소리를 낸다. 이 때 성대는 떨리게 된다.

語頭 이외의 위치에 撥音 직후에 오지 않는 ざ行자음은 대개 [-z-], [-ʒ-]로서 마찰음으로 나타나는 경우가 많다. 하지만 언제나 그런 것이 아니라 높은 악센트로 발음되는 경우는 파찰음이 되는 경우가 강하고 순수한 마찰음은 적다.

예) あざ[痣] 멍　　　○● [adza]
　　あざ[字] 구획의 이름　　●○ [aza]

ざ[dza], じ[dʑi], ず[dzü], ぜ[dze], ぞ[dzo]의 음은 한국어로 [ㅇ자], [ㅇ지], [ㅇ즈], [ㅇ제], [ㅇ조]와 같이 발음한다. 하지만 ざ・ぞ의 발음은 요음 じゃ[dʑa]・じょ[dʑo]의 발음과 흡사하여 한국인은 후자로 발음하기 쉽다. 혀 끝은 세워 윗니 바로 뒤의 살 부분에 붙인다는 점에 주의해서 발음해야 한다.

청음과 탁음을 구분 지어 들어 보자.
さ[sa], し[ʃi], す[sü], せ[se], そ[so]
ざ[dza], じ[dʑi], ず[dzü], ぜ[dze], ぞ[dzo]

단어형태로 들어보자.
ざんねん 유감스러움　　じしょ 사전　　ずかん 도감　　ぜひ 꼭　　ぞくご 속어

[3] だ行의 발음

だ[da], ぢ[dʑi], づ[dzü], で[de], ど[do]

だ, で, ど의 자음의 발음은 자음[t]의 음과 마찬가지로 혀 끝을 세워 윗니 뒤쪽에 붙였다가 떼면서 소리를 낸다. 단 성대가 떨린다는 점이 다르다. ぢ, づ의 음은 ざ行의 じ, ず음과 같게 발음한다.

だ[da], ぢ[ʤi], づ[dzü], で[de], ど[do]의 음은 한국어로 [으다], [으지], [으즈], [으데], [으도]
와 같이 발음하면 무난하다.

청음과 탁음을 구분 지어 들어 보자.

🎧 た[ta], ち[ʧi], つ[tsü], て[te], と[to]
　　だ[da], ぢ[ʤi], づ[dzü], で[de], ど[do]

단어형태로 들어보자.

🎧 だれ 누구　　ぢ 치질　　こづつみ 소포　　でる 나가다　　どこ 어디

[4] ば 行의 발음
ば[ba], び[bi], ぶ[bɯ], べ[be], ぼ[bo]

ば 行음의 자음은 양 입술을 오므렸다가 갑자기 열면서 소리를 낸다. 이 때 성대는 떨리게
된다.
ば[ba], び[bi], ぶ[bɯ], べ[be], ぼ[bo]의 음은 한국어로 [으바], [으비], [으부], [으베], [으보]와
같이 발음하면 무난하다.

청음과 탁음을 구분 지어 들어 보자.

🎧 は[ha], ひ[çi], ふ[ɸɯ], へ[he], ほ[ho]
　　ば[ba], び[bi], ぶ[bɯ], べ[be], ぼ[bo]

단어형태로 들어보자.

🎧 ばか 바보　　びり 꼴찌　　ぶんか 문화　　べんきょう 공부　　ぼく 나

[5] ぎゃ, ぎゅ, ぎょ의 발음
ぎゃ[gja], ぎゅ[gjɯ], ぎょ[gjo]

ぎゃ, ぎゅ, ぎょ의 자음의 발음은 ぎ의 자음의 발음과 같다. 즉 혀 안쪽과 입천장 안쪽의 부드
러운 부분의 닿는 위치가 조금 더 앞으로 나와 폐쇄되었다가 열리면서 소리가 나는 음으로
이 때 성대도 떨리게 된다.
ぎゃ[gja], ぎゅ[gjɯ], ぎょ[gjo]의 음은 한국어로 [으갸], [으규], [으교]와 같이 발음하면 무난하
다. 특히 주의할 점은 글자는 두 글자이지만 반드시 한 박으로 발음해야 한다는 점이다.

청음과 탁음을 구분 지어 들어 보자.

🎧 きゃ[kja], きゅ[kjɯ], きょ[kjo]
　　ぎゃ[gja], ぎゅ[gjɯ], ぎょ[gjo]

단어형태로 들어보자.

🎧 ぎゃく반대　　ぎゅうにゅう 우유　　ぎょにく 어육

[6] じゃ・ぢゃ, じゅ・ぢゅ, じょ・ぢょ의 발음

じゃ・ぢゃ[ʥa], じゅ・ぢゅ[ʥɯ], じょ・ぢょ[ʥo]

じゃ・ぢゃ, じゅ・ぢゅ, じょ・ぢょ의 자음의 발음은 じ의 자음의 발음과 같다. 다시 말해 혀 끝을 윗니 바로 뒤의 딱딱한 살 부분 보다 조금 더 안 쪽에 붙였다가 조금 열어 그 사이로 폐로부터의 공기가 지나가게 하여 마찰시켜 소리를 낸다. 이 때 성대는 떨리게 된다. 이 음들은 語頭이외의 위치나 撥音 직후에 오지 않는 경우, 대개 [-ʒ-]로서 마찰음으로 나타나는 경우가 많다.

じゃ・ぢゃ[ʥa], じゅ・ぢゅ[ʥɯ], じょ・ぢょ[ʥo]의 음은 한국어로 [으쟈], [으쥬], [으죠]와 같이 발음하면 무난하다.

청음과 탁음을 구분 지어 들어 보자.

🎧 しゃ[ʃa], しゅ[ʃɯ], しょ[ʃo]
　　じゃ[ʥa], じゅ[ʥɯ], じょ[ʥo]

🎧 ちゃ[ʧa], ちゅ[ʧɯ], ちょ[ʧo]
　　ぢゃ[ʥa], ぢゅ[ʥɯ], ぢょ[ʥo]

단어형태로 들어보자.

🎧 じゃり 자갈　　じゅず 염주　　じょじょに 서서히

[7] びゃ, びゅ, びょ의 발음

びゃ[bja], びゅ[bjɯ], びょ[bjo]

びゃ, びゅ, びょ의 자음의 발음은 び의 자음의 발음과 같다. 즉 양 입술을 오므렸다가 갑자기 열면서 소리를 내며 성대는 떨리게 된다.

びゃ[bja], びゅ[bjɯ], びょ[bjo]의 음은 한국어로 [으뱌], [으뷰], [으뵤]와 같이 발음하면 무난하다.

청음과 탁음을 구분 지어 들어 보자.

🎧 ひゃ[ça], ひゅ[çɯ], ひょ[ço]

　 びゃ[bja], びゅ[bjɯ], びょ[bjo]

단어형태로 들어 보자.

🎧 びゃくや 백야　　びゅうびゅう 바람소리　　びょうき 병

(2) 半濁音의 발음

　– 半濁音은 は行仮名의 오른쪽 위에 半濁点「°」을 찍어서 나타내는 음절(박)이다.
　– 「ぱ・ぴ・ぷ・ぺ・ぽ」와 요음의 반탁음인 「ぴゃ・ぴゅ・ぴょ」가 있다.

[1] ぱ行의 발음

ぱ[pa], ぴ[pi], ぷ[pɯ], ぺ[pe], ぽ[po]

ぱ行음의 자음은 양 입술을 오므렸다가 갑자기 열면서 소리를 낸다.이 때 성대는 떨리지 않게 한다.

ぱ[pa], ぴ[pi], ぷ[pɯ], ぺ[pe], ぽ[po]의 음은 한국어로 [파], [피], [푸], [페], [포]를 가볍게 발음하면 무난하다.

청음, 탁음 반탁음을 구분 지어 들어 보자.

🎧 は[ha], ひ[çi], ふ[ɸɯ], へ[he], ほ[ho]

　ば[ba], び[bi], ぶ[bɯ], べ[be], ぼ[bo]

　ぱ[pa], ぴ[pi], ぷ[pɯ], ぺ[pe], ぽ[po]

단어형태로 들어보자.

🎧 ぱらぱら 비내리는 소리　　ぴかぴか 반짝반짝　　ぷりぷり 뚱뚱한 모양　　ぺらぺら 술술

　ぽろぽろ 주르르

[2] ぴゃ, ぴゅ, ぴょ의 발음

ぴゃ[pja], ぴゅ[pjɯ], ぴょ[pjo]

ぴゃ, ぴゅ, ぴょ음의 자음은 ぴ음의 자음과 같이 양 입술을 오므렸다가 갑자기 열면서 소리를 내며, 성대는 떨리지 않게 한다.

ぴゃ[pja], ぴゅ[pjɯ], ぴょ[pjo]의 음은 한국어 [퍄], [퓨], [표]를 가볍게 발음하면 무난하다.

청음, 탁음 반탁음을 구분 지어 들어 보자.

ひゃ[ça], ひゅ[çɯ], ひょ[ço]

びゃ[bja], びゅ[bjɯ], びょ[bjo]

ぴゃ[pja], ぴゅ[pjɯ], ぴょ[pjo]

단어형태로 들어 보자.

はっぴゃく 팔백   ぴゅうぴゅう 쌩쌩   ぴょんぴょん 깡총깡총

もみじまんじゅう(広島の名物)

▌濁音 · 半濁音

일본어의 탁음은 모든 행에 걸쳐 있는 것이 아니라 청음 중에서 「か·さ·た·は」行에만 나타나며 「か·さ·た·は」行의 오른쪽 위에 탁점 「"」을 찍어서 나타낸다.

일본어의 반탁음은 청음 중에서 「は」行에만 나타나며 「は」行의 오른쪽 위에 반탁점 「°」을 찍어서 나타낸다.

▌히라가나 보고쓰기

히라가나	쓰기연습							
が ga[ga]								
ぎ gi[gi]								
ぐ gu[gɯ]								
げ ge[ge]								
ご go[go]								
ざ za[dza]								
じ zi[ʤi]								
ず zu[dzü]								
ぜ ze[dze]								
ぞ zo[dzo]								

だ da[da]										
ぢ zi[ʥi]										
づ zu[dzɯ]										
で de[de]										
ど do[do]										
ば ba[ba]										
び bi[bi]										
ぶ bu[bɯ]										
べ be[be]										
ぼ bo[bo]										
ぱ pa[pa]										
ぴ pi[pi]										
ぷ pu[pɯ]										
ぺ pe[pe]										
ぽ po[po]										

KY式 日本語

[AM]＝Atode Matane(後^{あと}でまたね)

핸드폰 메일에서 (나중에 통신을 재개한다는 함축적인 의미를 남긴) 헤어짐의 인사.

じゃあ私^{わたし}、そろそろお風呂^{ふ ろ}入^{はい}るからAM。 返不^{へん ふ}(返信不要^{へんしん ふ よう})でね

자 나, 슬슬 목욕해야 되니까 나중에 해. 답장 필요없어.

• 꽤 친한 사이에서 빈번하게 오고 가는 말을 간략화한 것. 특히 핸드폰 메일로 이용되는 정형적인 말은 KY어가 되기 쉽고 이것들은 구두 회화에서는 사용되지 않는다고 하는 특징을 갖는다.

北原保雄^{きたはらやす お}編著(2008)『KY式日本語』大修館書店より

- い를 제외한 い段의 가나 오른쪽 밑에 や, ゆ, よ를 작게 첨가시켜 가나 두 자로 하나의
  음절을 나타낸다.
- 요음은 기본적으로 청음, 탁음, 반탁음으로 나누어진다.
  요음의 탁음·반탁음 발음은 위에서 다루었으므로 여기에서는 요음의 청음발음을 보기
  로 한다.

[1] きゃ, きゅ, きょ의 발음
きゃ[kja], きゅ[kjɯ], きょ[kjo]

きゃ, きゅ, きょ의 자음발음은 き의 자음발음과 같다. 발음은 입천장 안쪽의 부드러운 부분에
혀 안쪽이 닿은 상태에서 출발하여 갑자기 파열시켜 폐로부터의 공기가 나오게 하여 소리를
낸다. 이 때 성대는 떨리지 않게 한다. かくけこ를 발음할 때보다 혀 안 쪽과 입천장 안쪽의
부드러운 부분의 닿는 위치가 조금 더 앞으로 나오게 된다.

きゃ[kja], きゅ[kjɯ], きょ[kjo]는 한국어로 [캬], [큐], [쿄]를 가볍게 발음하면 무난하다.

보고 음을 구분 지어 들어 보자.

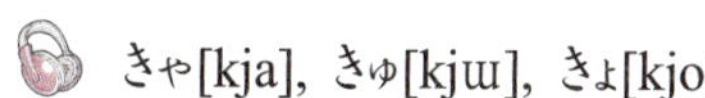
きゃ[kja], きゅ[kjɯ], きょ[kjo]

단어형태로 들어보자.

きゃく 손님　　きゅうり 오이　　きょり 거리

[2] しゃ, しゅ, しょ의 발음
しゃ[ʃa], しゅ[ʃɯ], しょ[ʃo]

しゃ, しゅ, しょ의 자음발음은 し의 자음발음과 같다. 발음은 혀 끝을 윗니 바로 뒤의 딱딱한
살 부분에 접근시켜 폐로부터의 공기를 마찰시켜 소리를 낸다. し경우의 자음[ʃ]는 さすせそ의
자음[s]보다 조금 더 안 쪽에 혀 끝을 접근시켜 마찰시켜 소리를 낸다. 이 때 성대는 떨리지
않게 한다.

しゃ[ʃa], しゅ[ʃɯ], しょ[ʃo]는 한국어로 [샤], [슈], [쇼]를 가볍게 발음하면 무난하다.

보고 음을 구분 지어 들어 보자.

しゃ[ʃa], しゅ[ʃɯ], しょ[ʃo]

단어형태로 들어보자.

 しゃかい 사회　　しゅざい 취재　　しょきゅう 초급

[3] ちゃ, ちゅ, ちょ의 발음

ちゃ[ʧa], ちゅ[ʧɯ], ちょ[ʧo]

ちゃ, ちゅ, ちょ의 자음발음은 ち의 자음발음과 같다. 발음은 혀 끝을 윗니 바로 뒤의 딱딱한 살 부분 보다 조금 더 안 쪽에 붙였다가 조금 열어 그 사이로 폐로부터의 공기가 지나가게 하여 마찰시켜 소리를 낸다. 이 때 성대는 떨리지 않는다.

ちゃ[ʧa], ちゅ[ʧɯ], ちょ[ʧo]는 한국어로 [챠], [츄], [쵸]로 가볍게 발음하면 무난하다.

보고 음을 구분 지어 들어 보자.

 ちゃ[ʧa], ちゅ[ʧɯ], ちょ[ʧo]

단어형태로 들어보자.

ちゃ 차　　ちゅうもん 주문　　ちょしょ 저서

[4] にゃ, にゅ, にょ의 발음

にゃ[ɲa], にゅ[ɲɯ], にょ[ɲo]

にゃ, にゅ, にょ의 자음발음은 に의 자음발음과 같다. 발음은 혀 끝을 윗니 바로 뒤의 딱딱한 살 부분에 붙였다가 떼면서 소리를 내는데 이 때 폐로부터의 공기를 입으로가 아니라 코 쪽으로 보낸다는 특징이 있다. 이 때 성대는 떨리게 된다.

にゃ[ɲa], にゅ[ɲɯ], にょ[ɲo]는 한국어로 [냐], [뉴], [뇨]로 발음하면 무난하다.

보고 음을 구분 지어 들어 보자.

にゃ[ɲa], にゅ[ɲɯ], にょ[ɲo]

단어형태로 들어보자.

にゃあにゃあ 고양이 울음소리　　にゅうし 입시　　にょろにょろ 꿈틀꿈틀

[5] ひゃ, ひゅ, ひょ의 발음

ひゃ[ça], ひゅ[çɯ], ひょ[ço]

ひゃ, ひゅ, ひょ의 자음발음은 ひ의 자음발음과 같다. 발음은 혀 중간부분을 입천장 중간부분 의 오돌토돌한 부분에 접근시켜 그 사이로 혀로부터의 공기가 나오면서 마찰을 일으켜 내는

소리이다. 이 때 성대의 떨림은 일어나지 않는다.

ひゃ[ça], ひゅ[çɯ], ひょ[ço]는 한국어로 [햐], [휴], [효]로 발음하면 무난하다.

보고 음을 구분 지어 들어 보자.

ひゃ[ça], ひゅ[çɯ], ひょ[ço]

단어형태로 들어보자.

ひゃく 백　　ひゅうが 옛 지명. 지금의 宮崎県　　ひょうか 평가

[6] みゃ, みゅ, みょ의 발음

みゃ[mja], みゅ[mjɯ], みょ[mjo]

みゃ, みゅ, みょ의 자음발음은 み의 자음 발음과 같다. 발음은 양 입술을 다물었다가 열면서 소리를 내는데 이 때 폐로부터의 공기를 코로 보낸다. 이 때 성대는 떨리게 된다.

みゃ[mja], みゅ[mjɯ], みょ[mjo]는 한국어로 [먀], [뮤], [묘]로 발음하면 무난하다.

보고 음을 구분 지어 들어 보자.

みゃ[mja], みゅ[mjɯ], みょ[mjo]

단어형태로 들어보자.

みゃく 맥　　びみょうだ 미묘하다

[7] りゃ, りゅ, りょ의 발음

りゃ[ɾja], りゅ[ɾjɯ], りょ[ɾjo]

りゃ, りゅ, りょ의 자음 발음은 り의 자음 발음과 같다. 발음은 혀 끝을 구부려 그 끝을 윗 니 뒤의 딱딱한 부분에 붙였다가 한 번 튕기듯이 떼면서 소리를 낸다. 이 때 성대는 떨리게 된다.

りゃ[ɾja], りゅ[ɾjɯ], りょ[ɾjo]는 한국어로 [랴], [류], [료]로 발음하면 무난히다.

보고 음을 구분 지어 들어 보자.

りゃ[ɾja], りゅ[ɾjɯ], りょ[ɾjo]

단어형태로 들어보자.

りゃくご 약어　　りゅうがく 유학　　りょひ 여비

▌拗音

요음은 い를 제외한 い段의 가나의 오른쪽 밑에 や, ゅ, ょ를 작게 붙여서 쓴다. 청음과 탁음 반탁음 별로 나누어 제시하면 아래와 같다.

▌히라가나 보고 쓰기

〈요음의 청음〉

히라가나	쓰기연습								
きゃ kya[kja]									
きゅ kyu[kjɯ]									
きょ kyo[kjo]									
しゃ sya[ʃa]									
しゅ syu[ʃɯ]									
しょ syo[ʃo]									
ちゃ tya[ʧa]									
ちゅ tyu[ʧɯ]									
ちょ tyo[ʧo]									
にゃ nya[ɲa]									
にゅ nyu[ɲɯ]									

にょ nyo[ɲo]										
ひゃ hya[ça]										
ひゅ hyu[çɯ]										
ひょ hyo[ço]										
みゃ mya[mja]										
みゅ myu[mjɯ]										
みょ myo[mjo]										
りゃ rya[ɾja]										
りゅ ryu[ɾjɯ]										
りょ ryo[ɾjo]										

〈요음의 탁음·반탁음〉

히라가나	쓰기연습								
ぎゃ gya[gja]									
ぎゅ gyu[gjɯ]									
ぎょ gyo[gjo]									
じゃ zya[ʤa]									
じゅ zyu[ʤɯ]									

じょ zyo[ʥo]									
ぢゃ zya[ʥa]									
ぢゅ zyu[ʥɯ]									
ぢょ zyo[ʥo]									
びゃ bya[bja]									
びゅ byu[bjɯ]									
びょ byo[bjo]									
ぴゃ pya[pja]									
ぴゅ pyu[pjɯ]									
ぴょ pyo[pjo]									

水ようかん(和菓子)

撥音, 促音, 長音의 발음과 쓰기

1. 撥音의 발음과 쓰기

[1] 撥音의 발음

- 음소로는 /N/으로 표기한다.
- 「ん」표기가 확립된 것은 대략 平安朝末 院政期(12세기)경으로 추정된다.
- 발음은 원칙적으로 다음에 오는 자음과 조음점(조음위치)을 같이하는 한 박 길이의 鼻音이다.
- 단 폐쇄가 일어나지 않는 음이 올 때는 鼻母音으로 소리가 난다.

후속하는 음에 따른 撥音의 발음을 제시하면 다음과 같다.

① 후속하는 음이 [m] [b] [p], 즉 ま·ば·ぱ行일 때 「ん」은 [m]으로 발음된다.

  ほんもの 진짜[hommono]　　ほんばこ 책장[hombako]　　しんぱい 걱정[ʃimpai]

② 후속하는 음이 [t] [d] [ts] [dz] [n] [ɾ], 즉 い단을 제외한 た·だ·ざ·な행과 ら행일 때 「ん」은 [n]으로 발음된다.

  しんたい 신체[ʃintai]　　おんど 온도[ondo]　　じんつう 진통[dʑintsɯ:]

  けんざい 건재[kendzai]　　せんぬき 병따개[sennɯki]　　しんり 진리[ʃinɾi]

③ 후속하는 음이 [tʃ] [dʑ] [ɲ], 즉 ち, じ, に나 요음일 때 「ん」은 [ɲ]으로 발음된다.

  えんちょう 연장[eɲtʃo:]　　かんじ 한자[kaɲdʑi]　　にんにく 마늘[niɲɲikɯ]

④ 후속하는 음이 [k] [g] [ŋ], 즉 か·が행일 때 「ん」은 [ŋ]로 발음된다.

  しんこう 신앙[ʃiŋko:]　　おんがく 음악[oŋgakɯ]/[oŋŋakɯ]

⑤ 후속하는 음이 없을 때 「ん」은 [N]인 구개수음으로 발음된다.

  にほん 일본[nihoN]

⑥ 후속하는 음이 모음[a] [i] [ɯ] [e] [o], 반모음[j] [w], 마찰음[h] [ç] [ɸ] [s] [ʃ],

　즉 あ・や・わ・さ・は행일 때「ん」은 鼻母音[Ṽ]로 발음된다.

　　🎧　れんあい 연애[ɾeṼai]　　ぜんいん 전원[dzeṼiN] しんうち　　최후출연자[ʃiṼɯʃi]

　　　　きんえん 금연[kiṼeN]　　さんおく 삼억[saṼokɯ]

　　　　しんや 심야[ʃiṼja]　　でんわ 전화[deṼwa]

　　　　しんさ 심사[ʃiṼsa]　　あんしん 안심[aṼʃiN]

　　　　ぜんはん 전반[dzeṼhaN]　　よんひき 네마리[joṼçiki]　　しんふぜん 심부전[ʃiṼɸɯzeN]

- 일본어의 撥音은 [はねる音]이라고도 하며「ん」로 표기한다.

2. 促音의 발음과 쓰기

[1] 促音의 발음

- 음소표기로 /Q/를 이용한다.
- 발음은 원칙적으로 무성자음[p, t, k, s, ʃ] 앞에 나타나, 뒤에 나오는 자음의 형태로 한 박자분 그 상태를 지속하는 것으로 명백한 음으로 들을 수가 없고 독립된 음성을 가지고 있지 않다.
- 강조어형이나 외래어에 있어서는 有声子音 앞에서도 促音이 나타난다.

후속하는 음에 따른 促音의 발음을 제시하면 다음과 같다.

① 후속하는 음이 [p], 즉 ぱ行音일 경우 促音은 [p]음 상태로 한 박자분 지속한다.

　　🎧　いっぱい 한 잔[ippai]　　きっぷ 표[kippɯ]　　いっぽ 한 걸음[ippo]

② 후속하는 음이 [t], 즉 た行音일 경우 促音은 [t]음 상태로 한 박자분 지속한다.

　　🎧　いったい 도대체[ittai]　　みっつ 셋[mit͡sɯ̈]　　もっと 훨씬[motto]

③ 후속하는 음이 [k], 즉 か行音일 경우 促音은 [k]음 상태로 한 박자분 지속한다.

　　🎧　いっかい 한 번[ikkai]　　ゆっくり 천천히[jukkɯɾi]　　いっこ 한 개[ikko]

④ 후속하는 음이 [s]·[ʃ], 즉 さ行音일 경우 促音은 [s]·[ʃ]음 상태로 한 박자분 지속한다.

🎧　いっさい 일체[issai]　　ざっし 잡지[dzaʃʃi]　　まっすぐ 똑바로[massɯ̈gu]

　　さっそく 즉시[sassokɯ]

⑤ 강조어형이나 외래어의 경우 有声子音 앞에서도 促音이 나타난다.

🎧　すっごい 대단하다[sɯ̈ggoi]　　すっばらしい 훌륭하다[sɯ̈bbaɾaʃi:]

　　バッグ 백[baggɯ]　　ベッド 베드[beddo]

[2] 促音의 쓰기
- 일본어의 促音은 [つまる音]이라고도 하며 「っ」와 같이 「つ」를 작게 표기한다.

3. 長音의 발음과 쓰기
[1] 長音의 발음
- 일본어의 長音은 [引く音]이라고도 하며 직전에 오는 모음[a i ɯ e o]을 입 모양을 변화
  시키지 않고 한 박자분 늘리는 것을 말한다.
- 표기는 단에 따라 다르게 나타난다.
- 음소표기로 /R/을 이용한다.
- 장음은 한국인이 발음함에 있어서 의식해서 발음하지 않으면 전혀 다른 의미가 되어
  버리기 때문에 특히 주의를 요한다.

직전에 오는 모음에 따른 長音의 발음을 제시하면 다음과 같다.

① あ단 음절의 長音

🎧　おかあさん 어머니[oka:saN]　　おばあさん 할머니[oba:saN]　　まあまあ 그럭저럭[ma:ma:]

② い단 음절의 長音

🎧　おじいさん 할아버지[odʑi:saN]　　ちいさい 작다[ʧi:sai]

③ う단 음절의 長音

くうき 공기[kuːki]　　きゅうきゅう 구급[kjuːkjuː]

④ え단 음절의 長音

おねえさん 누나[oneːsaN]　　ええ 예[eː]

とけい 시계[tokeː]　　えいが 영화[eːga]

⑤ お단 음절의 長音

こおり 얼음[koːɾi]　　とおい 많다[toːi]

こうえん 공원[koːeN]　　そうごう 종합[soːgoː]　　きょうし 교사[kjoːʃi]

[2] 長音의 쓰기

- あ단 음절의 장음표기는 あ단의 음 뒤에 「あ」를 덧붙여서 나타냄
- い단 음절의 장음표기는 い단의 음 뒤에 「い」를 덧붙여서 나타냄
- う단 음절의 장음표기는 う단의 음 뒤에 「う」를 덧붙여서 나타냄
- え단 음절의 장음표기는 え단의 음 뒤에 「え」나 「い」를 덧붙여서 나타냄
- お단 음절의 장음표기는 お단의 음 뒤에 「お」나 「う」를 덧붙여서 나타냄

特撮カフェメニュー

1. 「ん」의 발음이 [ŋ]으로 발음되는 것은?

　① ほんもの 진짜　　　　② せんぬき 병따개
　③ しんくう 진공　　　　④ にほん 일본

2. 「ん」의 발음이 나머지 셋과 다른 것은?

　① しんぱい 걱정　　　　② れんあい 연애
　③ でんわ 전화　　　　④ ぜんはん 전반

3. 다음에서 촉음이 [t]로 발음되는 것은?

　① いっこ 한 개　　　　② きっぷ 표
　③ みっつ 셋　　　　④ ざっし 잡지

4. 촉음의 발음이 다른 셋과 다른 것은?

　① いっぽ 한 걸음　　　　② ゆっくり 천천히
　③ いっかい 한 번　　　　④ いっこ 한 개

5. 장음의 표기에 관한 설명으로 맞지 않는 것은?

　① あ단 음절의 상음표기는 あ단의 음 뒤에 「あ」를 덧붙여서 나타낸다.
　② い단 음절의 장음표기는 い단의 음 뒤에 「い」또는 「う」를 덧붙여서 나타낸다.
　③ え단 음절의 장음표기는 え단의 음 뒤에 「え」나 「い」를 덧붙여서 나타낸다.
　④ お단 음절의 장음표기는 お단의 음 뒤에 「お」나 「う」를 덧붙여서 나타낸다.

정답	1	2	3	4	5
	③	①	③	①	②

방언으로 듣는 모모타로우

┃ 青森県(あおもりけん)五所川原市(ごしょがわらし) 방언화자의 모모타로우 

ムカシ　ムカシ　アルトコロニ　ジサマト　バサマガ　アッテイタト
옛날　　옛날 어떤 곳에　　　　할아버지와 할머니가　있었습니다.

ジサマハ　ヤマサ　タジモノヲ　トリニ　バサマハ　カワニ　アライモノニイッタト
할아버지는　산에　　나무하러　　　　　할머니는　　개울에　빨래를 하러 갔습니다

バサマハ　アラシモノヲ　シテイダキャー　カワノ　ムコウノホウカラ
할머니가　　빨래를　　　　　하고 있는데　　　냇가　　윗쪽에서

データランダ　モモガ　　シズンダリ　ウリィタリシテ　ナガレテキタト
커다란　　　　복숭아가　둥실　　　둥실　　　　　떠내려 왔습니다.

バサマハ　ソノモモヲ　ハラッテ　イッツァモッテキタト
할머니는　그 복숭아를　주워서　　집으로 돌아왔습니다.

バサマハ　ホージョーデ　モモヲ　キルキナッタキャ　モモガ　　フダヅニ　ワイデ
할머니가　　　　　　　　복숭아를 자르려고 하자　　복숭아가　두 개로 갈라져

ナガガラ　オオギナ　コドモガ　　ウマリディキタド
안에서　　커다란　　남자아이가　태어났습니다.

ジサマト　バサマハ　ソノコドモサ　モモタローズ　ナマエヲ　ヅケダド
할아버지와 할머니는　그 아이에게　　모모타로우라고 하는 이름을 붙였습니다.

- ジサマ おじいさん。할아버지.

- バサマ おばあさん。할머니.

- アッテイダド いたそうだ。있었다고 한다.

- シテイダキャー していたとき。하고 있었을 때.

- データランダ 大きな。커다란.

- ハラッテ 拾って。주워서.

- キルキナッタキャ 切ろうとすると。자르려고 하자.

- 東北지방에서는「ヤマサ」(山へ 산으로),「カワサ」(川へ 냇가로)와 같이, 장소·방향을 나타내는「〜へ」「〜に」를 표현할 때「サ」를 사용하는 현상이 보임.

- 「ムガシ」(むかし 옛날),「アルドゴニ」(あるところに 어떤 곳에)와 같이「カキクケコ」「タチツテト」의 음이 어중에서는「ガギグゲゴ」「ダヂヅデド」와 같이 탁음화되어 사용되어지는 것도 東北지방에 보여지는 특색임.

佐藤亮一(さとうりょういち)監修(2002)『方言の地図帳』小学館より

MEMO

MEMO

第3課

일본어 가타카나(片仮名)와 외래어음의 일본어 발음

[학습내용]

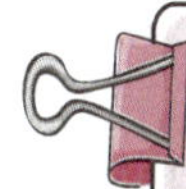

- □ 일본어 가타카나(片仮名) 발음
- □ 일본어 가타카나(片仮名) 쓰기
- □ 외래어음의 일본어 발음
- □ 외래어음의 일본어 쓰기
- □ 일본어 IME를 이용한 일본어입력

さきづけ　ぜんさい
先付：前菜

(1) 清音의 발음

- 가타카나 청음의 발음은 히라가나 청음의 발음과 같다.
- 단지 표기만 다를 뿐이다.

▌清音의 발음연습

가타카나와 히라가나를 대조해 보면서 각 행과 단에 주의하면서 발음연습을 해 보자.

	a행	ka행	sa행	ta행	na행	ha행	ma행	ya행	ra행	wa행	
a단	ア あ a[a]	カ か ka[ka]	サ さ sa[sa]	タ た ta[ta]	ナ な na[na]	ハ は ha[ha]	マ ま ma[ma]	ヤ や ya[ja]	ラ ら ra[ɾa]	ワ わ wa[wa]	
i단	イ い i[i]	キ き ki[ki]	シ し si[ʃi]	チ ち ti[ʧi]	ニ に ni[ɲi]	ヒ ひ hi[çi]	ミ み mi[mi]		リ り ri[ɾi]		
u단	ウ う u[ɯ]	ク く ku[kɯ]	ス す su[sɯ]	ツ つ tu[ʦɯ]	ヌ ぬ nu[nɯ]	フ ふ hu[ɸɯ]	ム む mu[mɯ]	ユ ゆ yu[jɯ]	ル る ru[ɾɯ]		
e단	エ え e[e]	ケ け ke[ke]	セ せ se[se]	テ て te[te]	ネ ね ne[ne]	ヘ へ he[he]	メ め me[me]		レ れ re[ɾe]		
o단	オ お o[o]	コ こ ko[ko]	ソ そ so[so]	ト と to[to]	ノ の no[no]	ホ ほ ho[ho]	モ も mo[mo]	ヨ よ yo[jo]	ロ ろ ro[ɾo]	ヲ を o[o]	ン ん N

단어형태로 들어보자.

• ア行

アジア Asia 아시아　　イエス yes 예　　ウレタン Urethan 우레탄

エンジニア engineer 엔지니어　　オイル oil 오일

• カ行

カイロ Cairo 카이로(지명)　　キス kiss 키스　　クイズ quiz 퀴즈

ケア care 돌봄　　コアラ koala 코알라

・サ行

サイズ　size 크기　　システム　system 시스템　　スタイル　style 스타일

センス　sense 센스　　ソロ　solo 솔로

・タ行

タイム　time 시간　　チーム　team 팀　　ツアー　tour 관광여행

テニス　tennis 테니스　　トマト　tomato 토마토

・ナ行

ナイフ　knife 칼　　ニコチン　nicotine 니코친　　ヌード　nude 누드

ネクタイ　necktie 넥타이　　ノズル　nozzle 노즐

・ハ行

ハイスクール　high school 고등학교　　ヒヤシンス　hyacinth 히야신스　　フリー　free 자유

ヘア　hair 머리카락　　ホテル　hotel 호텔

・マ行

マイナス　minus 마이너스　　ミサイル　missile 미사일　　ムード　mood 무드

メカニズム　mechanism 메커니즘　　モデル　model 모델

・ヤ行

ヤード　yard 야드　　ユネスコ　UNESCO 유네스코　　ヨガ　Yoga 요가

・ラ行

ライト　right 오른쪽　　リサイタル　recital 리사이틀　　ルール　rule 규율

レシピ　recipe 조리법　　ロープ　rope 로프

・ワ行

ワイン　wine 와인

(2) 濁音・半濁音의 발음

- 가타카나 탁음·반탁음의 발음은 히라가나 탁음·반탁음의 발음과 같다.
- 단지 표기만 다를 뿐이다.

▌濁音・半濁音의 발음연습

가타카나와 히라가나를 대조해 보면서 각 행과 단에 주의하면서 발음연습을 해 보자.

<濁音・半濁音>

	ga행	za행	da행	ba행	Pa행
a단	ガ　が ga[ga]	ザ　ざ za[dza]	ダ　だ da[da]	バ　ば ba[ba]	パ　ぱ pa[pa]
i단	ギ　ぎ gi[gi]	ジ　じ zi[ʤi]	ヂ　ぢ zi[ʤi]	ビ　び bi[bi]	ピ　ぴ pi[pi]
u단	グ　ぐ gu[gɯ]	ズ　ず zu[dzü]	ヅ　づ zu[dzü]	ブ　ぶ bu[bɯ]	プ　ぷ pu[pɯ]
e단	ゲ　げ ge[ge]	ゼ　ぜ ze[dze]	デ　で de[de]	べ　べ be[be]	ペ　ぺ pe[pe]
o단	ゴ　ご go[go]	ゾ　ぞ zo[dzo]	ド　ど do[do]	ボ　ぼ bo[bo]	ポ　ぽ po[po]

단어형태로 들어보자.

• ガ行

ガソリン　gasoline 가솔린　　ギア　gear 기어　　グリル　grill 그릴　　ゲスト　guest 게스트

ゴルフ　golf 골프

• ザ行

ザビエル　Xavier 하비에르(인명)　　ジーパン　jeans pants 진　　ズボン　jupon 바지

ゼリー　jelly 젤리　　ゾーン　zone 지역

•ダ行

    ダイヤル　dial 다이얼　　デスク　desk 데스크　　ドイツ　Germany 독일

•バ行

    バナナ　banana 바나나　　ビーフ　beef 소고기　　ブラウス　blouse 블라우스

    ベルト　belt 벨트　　ボス　boss 보스

•パ行

    パイオニア　pioneer 개척자　　ピアノ　piano 피아노　　プログラム　program 프로그램

    ペア　pair 쌍　　ポンプ　pomp 펌프

(3) 拗音의 清音발음

- 가타카나 요음의 清音발음은 히라가나 요음의 清音발음과 같다.
- 단지 표기만 다를 뿐이다.

▍拗音의 清音발음 연습

요음의 청음을 가타카나와 히라가나를 대조해 보면서 각 행에 주의하면서 발음연습을 해

보자.

〈拗音의 清音〉

力行拗音	サ行拗音	タ行拗音	ナ行拗音	ハ行拗音	マ行拗音	ラ行拗音
キャ きゃ kya[kja]	シャ しゃ sya[ʃa]	チャ ちゃ tya[ʧa]	ニャ にゃ nya[ɲa]	ヒャ ひゃ hya[ça]	ミャ みゃ mya[mja]	リャ りゃ rya[ɾja]
キュ きゅ kyu[kjɯ]	シュ しゅ syu[ʃɯ]	チュ ちゅ tyu[ʧɯ]	ニュ にゅ nyu[ɲɯ]	ヒュ ひゅ hyu[çɯ]	ミュ みゅ myu[mjɯ]	リュ りゅ ryu[ɾjɯ]
キョ きょ kyo[kjo]	ショ しょ syo[ʃo]	チョ ちょ tyo[ʧo]	ニョ にょ nyo[ɲo]	ヒョ ひょ hyo[ço]	ミョ みょ myo[mjo]	リョ りょ ryo[ɾjo]

단어형태로 들어보자.

•カ行拗音

    キャリア　career 경력　　キューバ　Cuba 쿠바(국명)

•サ行拗音

    シャッター　shutter 셔터　　シュート　shoot 슛　　ショートカット　short cut 숏커트

•タ行拗音

    チャンス　chance 찬스　　チューリップ　tulip 튤립　　チョコレート　chocolate 쵸콜릿

•ナ行拗音

    ニュース　news 뉴스

•ハ行拗音

    ヒューズ　fuse 퓨즈

•マ行拗音

    ミャンマー　Myanmar 미얀마(국명)　　ミュージック　music 뮤직

•ラ行拗音

    リューマチ　rheumatism 류마치즘

(4) 拗音의 濁音・半濁音 발음

– 가타카나 요음의 濁音・半濁音발음은 히라가나 요음의 濁音・半濁音발음과 같다.

– 단지 표기만 다를 뿐이다.

▌拗音의 濁音・半濁音발음 연습

요음의 탁음·반탁음을 가타카나와 히라가나를 대조해 보면서 각 행에 주의하면서 발음연

습을 해 보자.

〈拗音의 濁音・半濁音〉

ガ行拗音	ザ行拗音	ダ行拗音	バ行拗音	パ行拗音
ギャ ぎゃ gya[gja]	ジャ じゃ zya[ʥa]	ヂャ ぢゃ zya[ʥa]	ビャ びゃ bya[bja]	ピャ ぴゃ pya[pja]
ギュ ぎゅ gyu[gjɯ]	ジュ じゅ zyu[ʥɯ]	ヂュ ぢゅ zyu[ʥɯ]	ビュ びゅ byu[bjɯ]	ピュ ぴゅ pyu[pjɯ]
ギョ ぎょ gyo[gjo]	ジョ じょ zyo[ʥo]	ヂョ ぢょ zyo[ʥo]	ビョ びょ byo[bjo]	ピョ ぴょ pyo[pjo]

단어형태로 들어보자.

•ガ行拗音

🎧 ギャグ gag 개그

•ザ行拗音

🎧 ジャーナル journal 저널   ジュース juice 주스   ジョーク joke 죠크

•バ行拗音

🎧 ビュー view 전망

•パ行拗音

🎧 ピューマ puma 퓨마

(5) 撥音의 발음

- 가타카나의 撥音은 히라가나의 撥音과 똑같이 발음한다.
- 단지 표기만 [ン]로 다를 뿐이다.

단어형태로 발음해 보자.

🎧 ポイント point 포인트   ソング song 노래   マンション mansion 맨션

(6) 促音의 발음

- 가타카나의 促音은 히라가나의 促音과 똑같이 발음한다.
- 단지 표기만 [ッ]로 다를 뿐이다.

단어형태로 발음해 보자.

キャッチャー catcher 포수   ラケット racket 라켓   ショップ shop 가게

(7) 長音의 발음

- 가타카나의 長音은 히라가나의 長音과 발음 면에서는 같다.
- 하지만 표기면에 있어서 가타카나의 장음은 모든 히라가나의 장음표기를 [ー]로 표기하기 때문에 히라가나표기와 크게 차이가 난다.

단어형태로 발음해 보자.

カード card 카드   チーム team 팀   ヌードル noodle 면   ゲーム game 게임
スポーツ sports 스포츠

パンのもりあわせ

일본어 가타카나 쓰기

(1) 清音

- 가타카나 보고쓰기

가타카나는 원래 한자의 일부분 만을 따서 토를 단 것에서 유래한 것으로 각 글자마다 한자의 자원이 있다. 예를 들면「イ」의 자원은「伊」이다. 자원을 확인하면서 각 가타카나를 순서에 맞게 써 보자.

[1] ア행

가타카나	쓰기연습									자원
ア										阿
イ										伊
ウ										宇
エ										江
オ										於

가타카나	쓰기연습								자원
カ									加
キ									幾
ク									久
ケ									介
コ									己

[3] サ행

가타카나	쓰기연습								자원
サ									散
シ									之
ス									須
セ									世
ソ									曾

가타카나	쓰기연습									자원
タ										多
チ										千
ツ										州
テ										天
ト										止

가타카나	쓰기연습									자원
ナ										奈
ニ										二
ヌ										奴
ネ										祢
ノ										乃

가타카나	쓰기연습								자원
ハ									八
ヒ									比
フ									不
ヘ									部
ホ									保

가타카나	쓰기연습								자원
マ									万
ミ									三
ム									牟
メ									女
モ									毛

가타카나	쓰기연습									자원
ヤ										也
ユ										由
ヨ										与

가타카나	쓰기연습									자원
ラ										良
リ										利
ル										流
レ										礼
ロ										呂

가타카나	쓰기연습									자원
ワ										和
ヲ										乎

가타카나	쓰기연습								자원
ン									

(2) 濁音・半濁音

<가타카나 보고쓰기>

가타카나	쓰기연습							
ガ ga[ga]								
ギ gi[gi]								
グ gu[gɯ]								
ゲ ge[ge]								
ゴ go[go]								
ザ za[dza]								
ジ zi[dʑi]								
ズ zu[dzü]								
ゼ ze[dze]								
ゾ zo[dzo]								
ダ da[da]								
ヂ zi[dʑi]								
ヅ zu[dzü]								

デ de[de]										
ド do[do]										
バ ba[ba]										
ビ bi[bi]										
ブ bu[bɯ]										
ベ be[be]										
ボ bo[bo]										
パ pa[pa]										
ピ pi[pi]										
プ pu[pɯ]										
ペ pe[pe]										
ポ po[po]										

(3) 拗音의 清音

<가타카나 보고쓰기>

가타카나	쓰기연습								
キャ kya[kja]									
キュ kyu[kjɯ]									
キョ kyo[kjo]									
シャ sya[ʃa]									

シュ syu[ʃɯ]										
ショ syo[ʃo]										
チャ tya[ʧa]										
チュ tyu[ʧɯ]										
チョ tyo[ʧo]										
ニャ nya[ɲa]										
ニュ nyu[ɲɯ]										
ニョ nyo[ɲo]										
ヒャ hya[ça]										
ヒュ hyu[çɯ]										
ヒョ hyo[ço]										
ミャ mya[mja]										
ミュ myu[mjɯ]										
ミョ myo[mjo]										
リャ rya[ɾja]										
リュ ryu[ɾjɯ]										
リョ ryo[ɾjo]										

(4) 拗音의 濁音·半濁音

<가타카나 보고쓰기>

가타카나	쓰기연습								
ギャ gya[gja]									
ギュ gyu[gjɯ]									
ギョ gyo[gjo]									
ジャ zya[ʤa]									
ジュ zyu[ʤɯ]									
ジョ zyo[ʤo]									
ヂャ zya[ʤa]									
ヂュ zyu[ʤɯ]									
ヂョ zyo[ʤo]									
ビャ bya[bja]									
ビュ byu[bjɯ]									
ビョ byo[bjo]									
ピャ pya[pja]									
ピュ pyu[pjɯ]									
ピョ pyo[pjo]									

(5) 撥音、促音、長音 쓰기

· 가타카나의 撥音표기는 「ン」로 쓴다.

예) ポイント point 포인트   ソング song 노래   マンション mansion 맨션

· 가타카나의 促音표기는 「ッ」로 쓴다.

예) キャッチャー catcher 포수   ラケット racket 라켓   ショップ shop 가게

· 가타카나의 長音표기는 「ー」로 쓴다.

예) カード card 카드   チーム team 팀   ヌードル noodle 면   ゲーム game 게임

　　スポーツ sports 스포츠

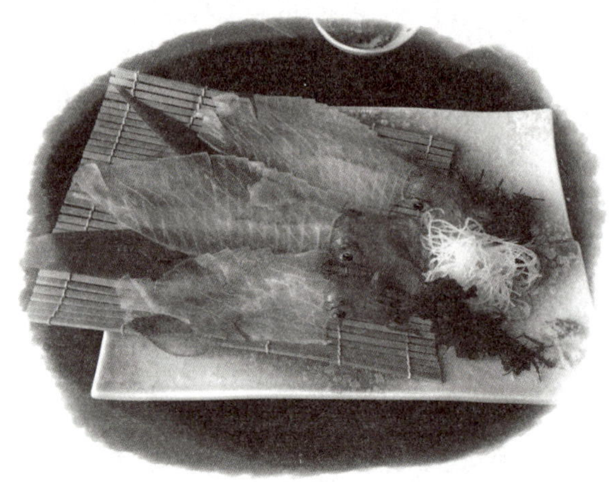

イカの活き作り(刺身)

KY式 日本語

[FK]=Fande Koi(ファンデ濃い)

화운데이션이 너무 진하다. 또 그 결과 얼룩이 져 있는 모양.

今日は久々のデートだから化粧盛っちゃた。

오늘은 오래간만에 데이트라 진하게 화장 좀 했어.

浮かれすぎ。完璧にFKだし。

너무 들 뜬 것 아냐. 완전히 화운데이션 진하고 말야.

• 화장이 잘 되어있지 않은 것을 말함. 공을 들여 메이크 업을 지나치게 한 결과, FK가 되는 경우 만이 아니라, 서둘러 화장을 했기 때문에 부분적으로 FK가 되는 경우도 있음.

北原保雄編著(2008)『KY式日本語』大修館書店より

외래어음의 일본어 발음

- 현재 일본어에는 외래어음을 원음에 가깝게 발음하기 위해서 새롭게 등장한 음이 33개 존재한다. 이 음들은 외래어나 외국의 지명, 인명을 원음에 가깝게 발음할 때 사용한다. 쓸 때는 가타카나로 표기한다. 이하 33개의 음과 이 음을 이용한 단어를 살펴보자.

(1) イェ[je]

이 음은 반모음[j]음을 발음할 때와 마찬가지로 혀의 중간부분을 입천장 위의 중간 부분의 딱딱한 곳에 접근시켜 소리를 낸다. 이 때 성대는 떨리게 된다. 한국어로는 [예]와 같이 발음하면 된다.

단어 형태로 들어보자.

イェロー　yellow 노란색 (イエロー도 사용)

(2) クァ[kwa], クィ[kwi], クェ[kwe], クォ[kwo]

이 음들의 자음 음은 우선 [k]음을 발음할 때와 마찬가지로 혀 안쪽을 입천장 안 쪽의 부드러운 부분에 붙였다가 떼면서 소리를 낸다. 이 때 성대는 떨리지 않게 된다. 한국어로는 [콰], [퀴], [퀘], [쿼]음을 부드럽게 소리내면 된다.

단어 형태로 들어보자.

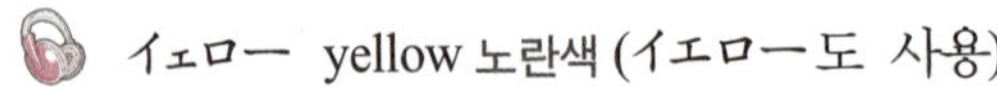

アクァマリン　aquamarine 아쿠아마린(보석) (アクアマリン도 사용)

クィーン　queen 여왕

クェスチョン　question 질문 (クエスチョン도 사용)

クォリティー　quality 질 (クオリティ도 사용)

(3) グァ[gwa]

이 음의 자음 음은 우선[g]음을 발음할 때와 마찬가지로 혀 안쪽을 입천장 안 쪽의 부드러운 부분에 붙였다가 떼면서 소리를 낸다. 이 때 성대는 떨리게 된다. 한국어로는 [으과]와 같이 소리내면 된다.

단어 형태로 들어보자.

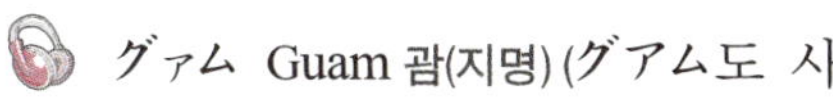 グァム Guam 괌(지명) (グアム도 사용)

(4) シェ[ʃe]

이 음의 자음 음[ʃ]은 「シ」음의 자음 음과 같이 혀 끝을 윗 니 바로 뒤의 딱딱한 살 부분 보다 더 안쪽에 접근시킨 상태에 폐로부터의 공기를 보내 마찰시켜 소리를 낸다. 이 때 성대 는 떨리지 않는다. 한국어로는 [세]와 같이 소리를 내면 된다.

단어 형태로 들어보자.

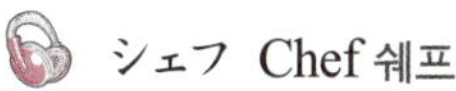 シェフ Chef 쉐프

(5) ジェ[ʤe]

이 음의 자음 음[ʤ]은 「ジ」음의 자음 음과 같이 혀 끝을 윗니 바로 뒤의 딱딱한 살 부분 보다 조금 더 안 쪽에 붙였다가 조금 열어 그 사이로 폐로부터의 공기가 지나가게 하여 마찰 시켜 소리를 낸다. 이 때 성대는 떨리게 된다. 한국어로는 [제]와 같이 소리를 내면 된다.

단어 형태로 들어보자.

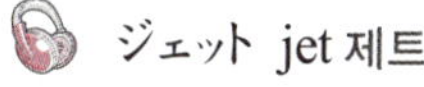 ジェット jet 제트

(6) チェ[ʧe]

이 음의 자음 음[ʧ]은 「チ」음의 자음 음과 같이 혀 끝을 윗니 바로 뒤의 딱딱한 살 부분 보다 조금 더 안 쪽에 붙였다가 조금 열어 그 사이로 폐로부터의 공기가 지나가게 하여 마찰 시켜 소리를 낸다. 이 때 성대는 떨리지 않는다. 한국어로는 [체] 발음을 약하고 부드럽게 발음하면 된다.

단어 형태로 들어보자.

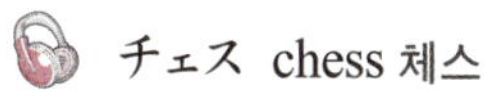 チェス chess 체스

(7) ツァ[tsa], ツィ[tsi], ツェ[tse], ツォ[tso]

이 음의 자음 음[ts]는 「ツ」음의 자음 음과 같이 혀 끝을 윗니 바로 뒤의 딱딱한 살 부분에 붙였다가 조금 열어 그 사이로 폐로부터의 공기가 지나가게 하여 마찰시켜 소리를 낸다. 이 때 성대는 떨리지 않는다. 한국어로는 [짜], [찌], [쩨], [쪼]와 같이 발음하면 무난하다.

단어 형태로 들어보자.

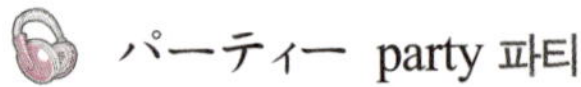 モーツァルト Mozart 모짜르트(인명)　　ソルジェニーツィン solzhenitsyn 솔제니친(인명)

コンツェルン konzern 기업합동　　カンツォーネ canzone 칸초네

(8) ティ[ti]

이 음의 자음[t]는「タ、テ、ト」의 자음의 음과 같이 혀 끝을 윗니 바로 뒤의 딱딱한 살 부분에 붙였다가 급히 파열시켜 폐로부터의 공기를 나가게 하여 소리를 낸다. 이 때 성대는 떨리지 않는다. 한국어로는 [티] 발음을 약하고 부드럽게 발음하면 된다.

단어 형태로 들어보자.

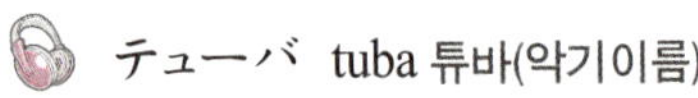 パーティー party 파티

(9) トゥ[tɯ] 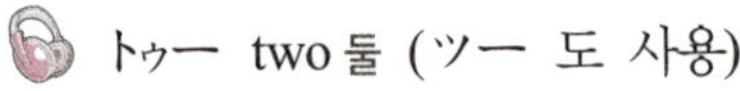

이 음의 자음[t]는「タ、テ、ト」의 자음의 음과 같이 혀 끝을 윗니 바로 뒤의 딱딱한 살 부분에 붙였다가 급히 파열시켜 폐로부터의 공기를 나가게 하여 소리를 낸다. 이 때 성대는 떨리지 않는다. 한국어로는 [투] 발음을 약하고 부드럽게 발음하면 된다.

단어 형태로 들어보자.

トゥー two 둘 (ツー 도 사용)

(10) テュ[tjɯ]

이 음의 자음[t]는「タ、テ、ト」의 자음의 음과 같이 혀 끝을 윗니 바로 뒤의 딱딱한 살 부분에 붙였다가 급히 파열시켜 폐로부터의 공기를 나가게 하여 소리를 낸다. 이 때 성대는 떨리지 않는다. 한국어로는 [튜]로 발음하면 된다.

단어 형태로 들어보자.

テューバ tuba 튜바(악기이름)

(11) ディ[di]

이 음의 자음[d]는「だ、で、ど」의 자음의 음과 같이 혀 끝을 세워 윗니 뒤쪽에 붙였다가 떼면서 소리를 낸다. 이 때 성대는 떨리게 된다. 한국어로는 [으디]와 같이 발음하면 된다.

단어 형태로 들어보자.

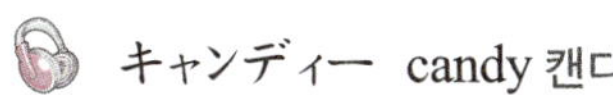 キャンディー candy 캔디

(12) ドゥ[dɯ] 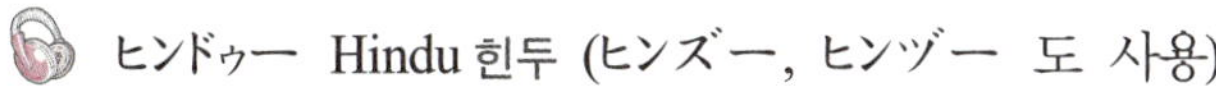

이 음의 자음[d]는 「だ、で、ど」의 자음의 음과 같이 혀 끝을 세워 윗니 뒤쪽에 붙였다가 떼면서 소리를 낸다. 이 때 성대는 떨리게 된다. 한국어로는 [으두]와 같이 발음하면 된다.

단어 형태로 들어보자.

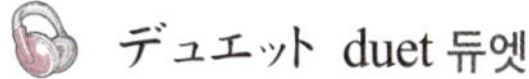 ヒンドゥー Hindu 힌두 (ヒンズー, ヒンヅー 도 사용)

(13) デュ[djɯ]

이 음의 자음[d]는 「だ、で、ど」의 자음의 음과 같이 혀 끝을 세워 윗니 뒤쪽에 붙였다가 떼면서 소리를 낸다. 이 때 성대는 떨리게 된다. 한국어로는 [으듀]와 같이 발음하면 된다.

단어 형태로 들어보자.

 デュエット duet 듀엣

(14) ファ[ɸa], フィ[ɸi], フェ[ɸe], フォ[ɸo]

이 음의 자음[ɸ]는 「ふ」의 자음의 음과 같이 양 입술을 좁혀 그 사이로 폐로부터의 공기가 나오면서 마찰을 일으켜 내는 소리이다. 이 때 성대의 떨림은 일어나지 않는다. 한국어로는 [화], [휘], [훼], [훠]와 같이 발음하면 무난하다.

단어 형태로 들어보자.

 ファイル file 파일　　 フィールド field 필드

　 パーフェクト perfect 퍼펙트　　 ユニフォーム uniform 유니폼

(15) フュ[ɸjɯ]

이 음의 자음[ɸ]는 「ふ」의 자음의 음과 같이 양 입술을 좁혀 그 사이로 폐로부터의 공기가 나오면서 마찰을 일으켜 내는 소리이다. 이 때 성대의 떨림은 일어나지 않는다. 한국어로는 [휴]와 같이 발음하면 무난하다.

단어 형태로 들어보자.

 フュージョン fusion 퓨전(음악의 종류)

(16) ヴァ[va], ヴィ[vi], ヴ[vɯ], ヴェ[ve], ヴォ[vo]

이 음들의 자음은 원래 [v]음인데 이 음을 실질적으로 내기는 힘들기 때문에 자음[b]의 음으로 대신한다. 자음[b]의 음은 ば行음의 자음과 같이 양 입술을 오므렸다가 갑자기 열면서 소리를 낸다. 이 때 성대는 떨리게 된다. 한국어로는 [으봐], [으뷔], [으브], [으붸], [으붜]와 같이 발음하면 무난하다.

단어 형태로 들어보자.

ヴァイオリン violin 바이올린 (バイオリン도 사용)　　ヴィーナス venus 비너스

ヴェール veil 베일 (ベール도 사용)　　オリーヴ olive 올리브 (オリーブ도 사용)

ヴォルガ Volga 볼가

(17) ヴュ[vyu]

이 음의 자음은 원래 [v]음인데 이 음을 실질적으로 내기는 힘들기 때문에 자음[b]의 음으로 대신한다. 자음[b]의 음은 ば行음의 자음과 같이 양 입술을 오므렸다가 갑자기 열면서 소리를 낸다. 이 때 성대는 떨리게 된다. 한국어로는 [으뷰]와 같이 발음하면 된다.

단어 형태로 들어보자.

ヴュー view 뷰(프랑스 잡지의 일종)

(18) ウィ[wi], ウェ[we], ウォ[wo]

이 음의 자음의 음은 「わ」의 자음의 음과 같이 양 입술을 좁힌 상태에 폐로부터의 공기가 마찰되면서 나오는 소리이다. 이 때 성대는 떨리게 된다. 한국어로는 [위], [웨], [워]와 같이 발음하면 무난하다.

단어 형태로 들어보자.

ウィンク wink 윙크　　ウェット wet 젖은　　ウォーター water 물

외래어음의 일본어 표기

- 현재 일본어의 외래어 표기는 1991년 6월 28일 内閣告示 제2호 『外来語の表記』에 의해 이루어 지고 있다.
- 이 내각고시에 의해 새로운 외래어음의 일본어 표기가 33개 추가되었다..
- 이 표기의 특징은 대부분 원음이나 원래의 철자에 가깝게 표기하려고 하는 경우에 이용된다.

<외래어음의 일본어 표기 보고쓰기>

가타카나	쓰기연습								
イェ [je]									
クァ [kwa]									
クィ [kwi]									
クェ [kwe]									
クォ [kwo]									
グァ [gwa]									
シェ [ʃe]									
ジェ [ʤe]									
チェ [ʧe]									
ツァ [tsa]									
ツィ [tsi]									
ツェ [tse]									
ツォ [tso]									

ティ [ti]									
トゥ [tɯ]									
テュ [tjɯ]									
ディ [di]									
ドゥ [dɯ]									
デュ [djɯ]									
ファ [ɸa]									
フィ [ɸi]									
フェ [ɸe]									
フォ [ɸo]									
フュ [ɸjɯ]									
ヴァ [va]									
ヴィ [vi]									
ヴ [vɯ]									
ヴェ [ve]									
ヴォ [vo]									
ヴュ [vyu]									
ウィ [wi]									
ウェ [we]									
ウォ [wo]									

- 일본어 입력 방법

일본어 IME를 이용하여 입력할 때는 일반적으로 로마자로 입력한다.아래의 표는 히라가나와 가타카나를 같이 표기한 것이다. 표에 제시되어 있는 로마자를 보고 일본어를 입력해 보시오.

<清音>

	a행	ka행	sa행	ta행	na행	ha행	ma행	ya행	ra행	wa행	
a단	あ ア a	か カ ka	さ サ sa	た タ ta	な ナ na	は ハ ha	ま マ ma	や ヤ ya	ら ラ ra	わ ワ wa	
i단	い イ i	き キ ki	し シ si	ち チ ti	に ニ ni	ひ ヒ hi	み ミ mi		り リ ri		
u단	う ウ u	く ク ku	す ス su	つ ツ tu	ぬ ヌ nu	ふ フ hu	む ム mu	ゆ ユ yu	る ル ru		
e단	え エ e	け ケ ke	せ セ se	て テ te	ね ネ ne	へ ヘ he	め メ me		れ レ re		
o단	お オ o	こ コ ko	そ ソ so	と ト to	の ノ no	ほ ホ ho	も モ mo	よ ヨ yo	ろ ロ ro	を ヲ wo	ん ン nn

<濁音・半濁音>

	ga행	za행	da행	ba행	pa행
a단	が ガ ga	ざ ザ za	だ ダ da	ば バ ba	ぱ パ pa
i단	ぎ ギ gi	じ ジ zi	ぢ ヂ di	び ビ bi	ぴ ピ pi
u단	ぐ グ gu	ず ズ zu	づ ヅ du	ぶ ブ bu	ぷ プ pu
e단	げ ゲ ge	ぜ ゼ ze	で デ de	べ ベ be	ぺ ペ pe
o단	ご ゴ go	ぞ ゾ zo	ど ド do	ぼ ボ bo	ぽ ポ po

<拗音의 清音>

か行拗音	さ行拗音	た行拗音	な行拗音	は行拗音	ま行拗音	ら行拗音
きゃ キャ kya	しゃ シャ sya	ちゃ チャ tya	にゃ ニャ nya	ひゃ ヒャ hya	みゃ ミャ mya	りゃ リャ rya
きゅ キュ kyu	しゅ シュ syu	ちゅ チュ tyu	にゅ ニュ nyu	ひゅ ヒュ hyu	みゅ ミュ myu	りゅ リュ ryu
きょ キョ kyo	しょ ショ syo	ちょ チョ tyo	にょ ニョ nyo	ひょ ヒョ hyo	みょ ミョ myo	りょ リョ ryo

<拗音의 濁音・半濁音>

が行拗音	ざ行拗音	だ行拗音	ば行拗音	ぱ行拗音
ぎゃ ギャ gya	じゃ ジャ zya	ぢゃ ヂャ dya	びゃ ビャ bya	ぴゃ ピャ pya
ぎゅ ギュ gyu	じゅ ジュ zyu	ぢゅ ヂュ dyu	びゅ ビュ byu	ぴゅ ピュ pyu
ぎょ ギョ gyo	じょ ジョ zyo	ぢょ ヂョ dyo	びょ ビョ byo	ぴょ ピョ pyo

<撥音・促音・長音>

・撥音　ん/ン　nn

・促音　っ/ッ　xtu

・長音　—　　　—

<外来語音>

（1）イェ ixe

（2）クァ kuxa, クィ kuxi, クェ kuxe, クォ kuxo

（3）グァ guxa

（4）シェ sixe

（5）ジェ zixe

（6）チェ tixe

（7）ツァ tuxa, ツィ tuxi, ツェ tuxe, ツォ tuxo

(8) ティtexi

(9) トゥtoxu

(10) テュtexyu

(11) ディdexi

(12) ドゥdoxu

(13) デュdexyu

(14) ファhuxa, フィhuxi, フェhuxe, フォhuxo

(15) フュhuxyu

(16) ウィuxi, ウェuxe, ウォuxo

(17) ヴ vu

예) 1. わたし 나 watasi

    2. にほん 일본　nihonn

    3. ジュース 주스 zyu-su

    4. 私は学生です。나는 학생입니다. watasiha gakuseidesu

    5. パーティー 파티 pa-texi-

    6. ヴァイオリン 바이올린 vuxaiorinn

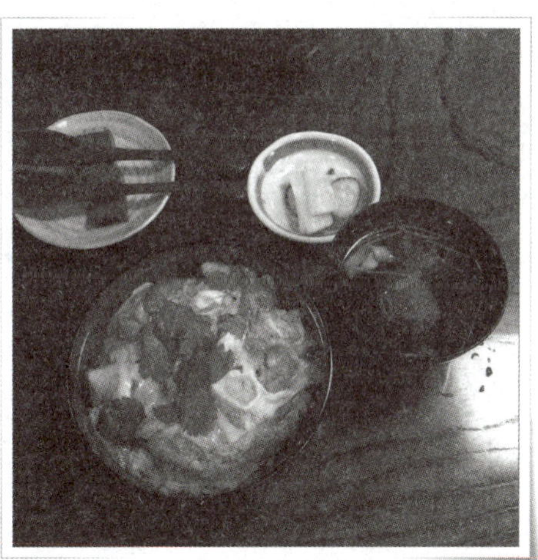

親子丼

▌山形県(やまがたけん)東田川郡(ひがしたがわぐん)三川町(みかわまち)

화자의 모모타로우 

ムカシムカシ　アットコサヨ　ジサマトバサマガ　イッダケドヤ
옛날　　옛날　어떤 곳에　　할아버지와 할머니가　있었습니다.

ジサマハヤマサヨ　タギモノトリサ　バサマハ　カワサ　センダク　イッタケドヤ
할아버지는　산에　　나무하러　　　할머니는　　개울에　빨래를　　하러 갔습니다.

バサマガ　シェンダク　シッタバヨ　ハワヌイノホウカラ　オッキモモガ
할머니가　빨래를 하고 있는데　　냇가 윗쪽에서　　　커다란 복숭아가

ドブンドブンッテ　ナガレテキタケドヤ
둥실 둥실　　　떠내려 왔습니다.

バサマハ　ソノモモヲ　ヒロッテヨ　エサケタケドヤ
할머니는　그 복숭아를　주워서　　집으로 돌아왔습니다.

バサマガ　モモヲ　ハヤソトシタバ　モモガスタッツニ　ワレデ
할머니가　복숭아를 자르려고 하자　복숭아가 두 개로　갈라져

ナガーラ　オッキ　オトコノコガ　ウマレテキタケドヤ
안에서　　커다란　남자아이가　　태어났습니다.

ジサマト　バサマハ　ソノコニヨ　モモタロッテ　ナメツケタトヤ
할아버지와 할머니는　그 아이에게　모모타로우라고　하는 이름을 붙였습니다

- ジサマ おじいさん。할아버지.

- バサマ おばあさん。할머니.

- オッキ おおきい。큰.

- エ　いえ。집.

- ハヤソトシタバ きろうとしたら。자르려고 하자.「ハヤス」는「切(き)る」"자르다"의 뜻.

- 아오모리현 고쇼가와라시 방언과 마찬가지로「ヤマサ」(山へ 산에)의「サ」나,「ムガシ」(むかし 옛날에)의「ガ」발음 등의 특징이 보여짐.

- 「タギモノ トリサ」(たきものをとりに 땔감을 하러)등과 같이,「～を」를 생략함.

- 「シェンダク」(せんたく 빨래)와 같이, 공통어의「セ」음이「シェ」가 됨.

- 「ナメ」(なまえ 이름)와 같이 ai 나 ae의 음이 e가 됨.

佐藤亮一(さとうりょういち)監修(2002)『方言の地図帳』小学館より

인사표현 및 소개 표현 (I)

[학습내용]

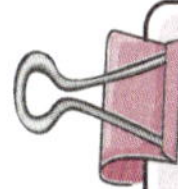

- □ 처음 만났을 때의 인사표현
- □ 아침부터 정오가 되기 전에 다시 만났을 때
- □ 낮부터 해지기 전까지의 사이에 다시 만났을 때
- □ 해지고 난 후에 다시 만났을 때
- □ 간단한 자기소개

お凌ぎ：寿司

☐ はじめまして　　　　　　　처음 뵙겠습니다

☐ 李時宇(イ・シウ)　　　　　이시우(인명)

☐ ナ・ハナ　　　　　　　　　나하나(인명)

☐ と申(もう)します　　　　　라고 합니다

☐ どうぞ　　　　　　　　　　부디

☐ よろしく　　　　　　　　　잘

☐ お願(ねが)いいたします　　부탁 드립니다

☐ 佐藤(さとう)たもつ　　　　사토 타모쯔(인명)

☐ こちらこそ　　　　　　　　저야말로

☐ お願(ねが)いします　　　　부탁합니다

☐ 俺(おれ)　　　　나(1인칭대명사, 남자만 사용)

☐ わたし　　　　　　나, 제(1인칭대명사)

☐ 〜です　　　　　　　　　　-입니다.

☐ 〜っていうんだ　　　　　　-라고 한다.

☐ 〜っていうの　　　　　　　-라고 해.

☐ おはようございます

　　　　　　　　안녕하십니까/안녕하세요
　　　　　　　　(아침부터 정오가 되기 전)

☐ おはよう　　　　　　　　　안녕

☐ こんにちは

　　　　　안녕하십니까/안녕하세요/안녕
　　　　　(낮부터 해지기 전까지의 사이)

☐ こんばんは

　　　　　안녕하십니까/안녕하세요/안녕
　　　　　(해지고 난 후에)

☐ やあ　　　　　　　　　　　안녕

☐ では　　　　　　　　　　　그럼

☐ 自己紹介(じこしょうかい)　자기소개

☐ サイバー韓国外大(かんこくがいだい)

　　　　　　　　　　사이버 한국외대

☐ 英語学部(えいごがくぶ)　　영어학부

☐ 中国語学部(ちゅうごくごがくぶ)

　　　　　　　　　　중국어학부

☐ 日本語学部(にほんごがくぶ)

　　　　　　　　　　일본어학부

☐ 韓国語学部(かんこくごがくぶ)

　　　　　　　　　　한국어학부

☐ 一年生(いちねんせい)　　　1학년

☐ 二年生(にねんせい)　　　　2학년

☐ 三年生(さんねんせい)　　　3학년

☐ 四年生(よねんせい)　　　　4학년

☐ 五年生(ごねんせい)　　　　5학년

☐ 六年生(ろくねんせい)　　　6학년

はじめまして。李時宇(イ・シウ)と申(もう)します。
どうぞよろしくお願(ねが)いいたします。

佐藤(さとう)たもつです。
こちらこそよろしくお願(ねが)いします。

한국어 역　A：처음 뵙겠습니다. 이시우입니다.　잘 부탁합니다.
　　　　　　B：사토 다모쯔에요. (저야말로) 잘 부탁해요.

はじめまして。ナ・ハナと申(もう)します。
どうぞよろしくお願(ねが)いいたします。

佐藤(さとう)ゆかりです。
こちらこそよろしくお願(ねが)いします。

한국어 역　A：처음 뵙겠습니다. 나하나라고 합니다.
　　　　　　　잘 부탁 드립니다.
　　　　　　B：사토 유카리에요. (저야말로) 잘 부탁해요.

➲ **はじめまして** : 처음 만났을 때 사용하는 공식적인 인사표현으로 "처음 뵙겠습니다"로 해석된다. 단 상대가 초등학생 이하일 경우 「はじめまして」를 쓰지 않고 단순히 「やあ」또는 「こんにちは」를 사용하는 경우가 많다.

➲ **이름+と申(もう)します** : 이름은 일본인의 경우 성만을 이야기하는 경우가 많지만 한국인은 성과 이름을 함께 이야기하는 편이 바람직하다. [と]는 "라고"로 해석되며, 「もうします」는 「いいます」의 겸양표현으로 "(말)합니다"의 뜻이다.

➲ **どうぞ** : 부사로 "부디", "아무쪼록"으로 해석된다. 이러한 의미 이외에도 무엇인가를 상대에게 먼저 하라고 권할 때 「どうぞ」만을 사용해서 표현한다.

➲ **よろしくお願(ねが)いいたします** : 「よろしく」는 부사로 "잘"로, 「お願(ねが)いいたします」는 "부탁 드립니다"로 해석된다. 또한 「よろしく」는 상대에게 정중한 표현을 쓸 필요가 없을 경우, 「よろしく」단독으로 "잘 부탁해"라는 뜻의 표현이 될 수 있다. 「いたします」는 「します」의 겸양표현으로 「します」를 사용했을 때보다 정중한 표현이 된다. 기본회화에서 B가 「します」의 표현을 쓰는 이유는 A보다 손윗사람이기 때문이다.

➲ **명사+です** : 「です」는 「だ」의 정중한 표현으로 "입니다"로 해석된다.

➲ **こちらこそ** : 「こちら」는 본래 방향을 나타내며 "이 쪽"으로 해석되는 데, 이 경우는 전형적인 인사말로 "저"로 해석된다. 「こそ」는 계조사(係助詞)로 "어떤 사물을 다른 것과 구별하여 특히 내세우는 데 쓰는 말"로 강조하는 말에 붙어서 "-야 말로", "-만은"으로 해석된다.

➲ **おれ(俺)** : 1인칭대명사의 거친 보통표현으로 남자가 사용하는 것이 일반적이다.

➲ **ぼく(僕)** : 1인칭대명사의 보통표현으로, 「わたし(私)」가 남녀 모두 사용할 수 있는 반면 「ぼく」는 남자만 사용한다.

➲ **이름+っていうんだ** : 여기에서의 「って」는 인용을 가리키는 조사 「と」에 해당되어 "–라고", "–냐고"로 해석된다. 「いうんだ」는 「いう」의 강조된 회화투표현으로 "–(말)해"로 해석하면 무난하다.

➲ **おはようございます** : 서로 아는 사이이지만 소원하거나 손윗 상대를 아침부터 정오가 되기 전에 다시 만났을 때에 남녀 구분없이 사용하는 인사말이다.

➲ **おはよう** : 상대가 손아랫사람이거나 친한 동년배의 경우는 「ございます」를 빼고 「おはよう」만으로 인사표현을 한다. 이 인사말은 남녀 구분없이 사용한다.

➲ **こんにちは** : 서로 아는 사이이지만 소원하거나 손윗 상대를 낮부터 해지기 전까지의 사이에 다시 만났을 때에 남녀 구분없이 사용하는 인사말이다. 하지만 친한 동년배 사이에서는 일반적으로 「こんにちは」를 사용하기 보다는 정형화된 인사말이 아닌 「よう」 또는 「どうも」와 같은 표현을 사용한다.

➲ **こんばんは** : 서로 아는 사이이지만 소원하거나 손윗 상대를 해가 지고 난 후에 다시 만났을 때에 남녀 구분없이 사용하는 인사말이다. 하지만 친한 동년배 사이에서는 일반적으로 「こんにちは」의 경우와 마찬가지로 「こんばんは」를 사용하기 보다는 정형화된 인사말이 아닌 「よう」「おう」 또는 「どうも」와 같은 표현을 사용한다.

チョコレート菓子

バリエーション 1　いろいろなバリエーションで練習しよう

<table>
<tr><td>

남자주인공 버전
(A는20대 중반에서 30대 초반의 남자)

1 A가 소원한 손윗사람 B를 만났을 때

A: はじめまして。李時宇(イ・シウ)と申(もう)します。

どうぞよろしくお願(ねが)いいたします。

처음 뵙겠습니다. 이시우라고 합니다. 잘 부탁 드립니다.

B: 佐藤(さとう)たもつです。こちらこそよろしく
お願(ねが)いします。

사토 다모쯔에요. (저야말로) 잘 부탁해요.

---

2 A가 소원한 동년배 B를 만났을 때

A: はじめまして。李時宇(イ・シウ)です。

どうぞよろしくお願(ねが)いします。

처음 뵙겠습니다. 이시우입니다잘 부탁합니다.

B: 佐藤(さとう)たもつです。こちらこそよろしく
お願(ねが)いします。

사토 다모쯔입니다. 저야말로 잘 부탁합니다.

---

3 A가 소원한 중·고등학생 정도의 남학생 B를 만났을 때

A: はじめまして。李時宇(イ・シウ)です。よ
ろしく。

안녕. 이시우야. 잘 부탁해.

B: 佐藤(さとう)たもつです。こちらこそよろしく
お願(ねが)いします。

사토 타모쯔입니다. 저야말로 잘 부탁합니다

---

4 A가 소원한 초등학생 남자아이 B를 만났을 때

A: やあ。おれは 李時宇(イ・シウ)っていう
んだ。よろしくな。

안녕. 난 이시우라고 해. 잘 부탁한다.

B: ぼく、佐藤(さとう)たもつ。よろしく。

나 사토 타모쯔. 잘 부탁해(요).

---

5 A가 소원한 초등학생 여자아이 B를 만났을 때

A: やあ。おれは 李時宇(イ・シウ)っていう
んだ。よろしく。

안녕. 난 이시우라고 해. 잘 부탁한다.

B: わたし、佐藤(さとう)ゆかり。よろしく

나 사토 유카리. 잘 부탁해(요).

</td><td>

여자주인공 버전
(A는20대 중반에서 30대 초반의 여자)

① A가 소원한 손윗사람 B를 만났을 때

A: はじめまして。ナ・ハナと申(もう)します。

どうぞよろしくお願(ねが)いいたします。

처음 뵙겠습니다. 나하나라고 합니다.잘 부탁 드립니다

B: 佐藤(さとう)ゆかりです。こちらこそよろしく
お願(ねが)いします。

사토 유카리에요. (저야말로) 잘 부탁해요.

---

② A가 소원한 동년배 B를 만났을 때

A: はじめまして。ナ・ハナです。

どうぞよろしくお願(ねが)いします。

처음 뵙겠습니다. 나하나입니다잘 부탁합니다.

B: 佐藤(さとう)ゆかりです。こちらこそよろしく
お願(ねが)いします。

사토 유카리입니다. 저야말로 잘 부탁합니다

---

③ A가 소원한 중고등학생 B를 만났을 때

A: はじめまして。ナ・ハナです。よろしく。

안녕. 나하나예요. 잘 부탁해

B: 佐藤(さとう)ゆかりです。こちらこそよろしく
お願(ねが)いします。

사토 유카리입니다. 저야말로 잘 부탁합니다

---

④ A가 소원한 초등학생 남자아이 B를 만났을 때

A: こんにちは。私、ナ・ハナ。

안녕. 난 나하나

B: ぼく、佐藤(さとう)たもつ。よろしく。

나 사토 타모쯔. 잘 부탁해(요).

---

⑤ A가 소원한 초등학생 여자아이 B를 만났을 때

A: こんにちは。私、ナ・ハナ。

안녕. 난 나하나라고 해.

B: わたし、佐藤(さとう)ゆかり。よろしく

나 사토 유카리 잘 부탁해(요).

</td></tr>
</table>

おはようございます。
います。おはようございます。

おはようございます。

한국어 역
A : 안녕하십니까./안녕하세요.
B : 안녕하십니까./안녕하세요.

おはようございます。

おはようございます。

한국어 역
A : 안녕하십니까./안녕하세요.
B : 안녕하십니까./안녕하세요.

バリエーション 2

いろいろなバリエーションで練習しよう

| 남자주인공 버전
(A는20대 중반에서 30대 초반의 남자) | 여자주인공 버전
(A는20대 중반에서 30대 초반의 여자) |

1 A가 소원한 손윗사람 B를 다시 만났을 때

A : おはようございます。
　　안녕하십니까./안녕하세요.

B : おはようございます。
　　안녕하십니까./안녕하세요.

① A가 소원한 손윗사람 B를 다시 만났을 때

A : おはようございます。
　　안녕하세요.

B : おはようございます。
　　안녕하세요.

2 A가 소원한 동년배 B를 다시 만났을 때

A : おはようございます。
　　안녕하십니까./안녕하세요.

B : おはようございます。
　　안녕하십니까./안녕하세요.

② A가 소원한 동년배 B를 다시 만났을 때

A : おはようございます。
　　안녕하세요

B : おはようございます。
　　안녕하세요.

3 A가 친한 동년배 B를 다시 만났을 때

A : おはよう。
　　안녕.

B : おはよう。
　　안녕.

③ A가 친한 동년배 B를 다시 만났을 때

A : おはよう。
　　안녕.

B : おはよう。
　　안녕.

4 A가 중고등학생 B를 다시 만났을 때

A : おはよう。
　　안녕.

B : おはようございます。
　　안녕하십니까./안녕하세요.

④ A가 중고등학생 B를 다시 만났을 때

A : おはよう。
　　안녕.

B : おはようございます。
　　안녕하십니까./안녕하세요.

5 A가 초등학생 B를 다시 만났을 때

A : おはよう。
　　안녕.

B : おはよう。
　　안녕.

⑤ A가 초등학생 B를 다시 만났을 때

A : おはよう。
　　안녕.

B : おはよう。
　　안녕.

こんにちは。

こんにちは。

한국어 역
A : 안녕하십니까./안녕하세요.
B : 안녕하십니까./안녕하세요.

こんにちは。

こんにちは。

한국어 역
A : 안녕하십니까./안녕하세요.
B : 안녕하십니까./안녕하세요.

バリエーション 3

いろいろなバリエーションで練習しよう

남자주인공 버전 (A는20대 중반에서 30대 초반의 남자)	여자주인공 버전 (A는20대 중반에서 30대 초반의 여자)

1 A가 소원한 손윗사람 B를 다시 만났을 때

A：こんにちは。
　　안녕하십니까./안녕하세요.

B：こんにちは。
　　안녕하십니까./안녕하세요.

① A가 소원한 손윗사람 B를 다시 만났을 때

A：こんにちは。
　　안녕하세요.

B：こんにちは。
　　안녕하세요.

2 A가 소원한 동년배 B를 다시 만났을 때

A：こんにちは。
　　안녕하세요.

B：こんにちは。
　　안녕하세요.

② A가 소원한 동년배 B를 다시 만났을 때

A：こんにちは。
　　안녕하세요.

B：こんにちは。
　　안녕하세요.

3 A가 친한 동년배 B를 다시 만났을 때

A：よう。
　　안녕

B：よう。
　　안녕.

③ A가 친한 동년배 B를 다시 만났을 때

A：どうも。
　　안녕

B：あ、どうも。
　　안녕.

こんばんは。

こんばんは。

한국어 역　A : 안녕하십니까./안녕하세요.
　　　　　　B : 안녕하십니까./안녕하세요.

こんばんは。

こんばんは。

한국어 역　A : 안녕하십니까./안녕하세요.
　　　　　　B : 안녕하십니까./안녕하세요.

バリエーション 4　いろいろなバリエーションで練習しよう

<table>
<tr><td>

남자주인공 버전
(A는20대 중반에서 30대 초반의 남자)

1 A가 소원한 손윗사람 B를 다시 만났을 때

A：こんばんは。
　　안녕하십니까./안녕하세요.

B：こんばんは。
　　안녕하십니까./안녕하세요.

</td><td>

여자주인공 버전
(A는20대 중반에서 30대 초반의 여자)

① A가 소원한 손윗사람 B를 다시 만났을 때

A：こんばんは。
　　안녕하세요.

B：こんばんは。
　　안녕하세요.

</td></tr>
<tr><td>

2　A가 소원한 동년배 B를 다시 만났을 때

A：こんばんは。
　　안녕하세요.

B：こんばんは。
　　안녕하세요.

</td><td>

②A가 소원한 동년배 B를 다시 만났을 때

A：こんばんは。
　　안녕하세요.

B：こんばんは。
　　안녕하세요.

</td></tr>
<tr><td>

3 A가 친한 동년배 B를 다시 만났을 때

A：よう。
　　안녕.

B：おう。
　　안녕.

</td><td>

③A가 친한 동년배 B를 다시 만났을 때

A：どうも。
　　안녕.

B：あ、どうも。
　　안녕

</td></tr>
</table>

KY式 日本語

[HD]=Himadakara Denwasuru (ひまだから でんわする)

할 필요도 없는데 목적도 없이 전화를 거는 것.

こんな夜中にどうかした？

이런 한 밤중에 무슨 일이야?
ごめん。ただのHD。

미안. 그냥 심심해서 전화한 거야.

- 의중에 있는 이성에게 고백하기 위해서 전화를 걸었는데 말을 꺼낼 수도 없고, 어련무던한 이야기를 계속하는 것이 「HD」로 취급되는 애처로운 경우도 있다.

最近元カレからしょっちゅう電話がかかってくるんだけど、HDって感じでウザい。

요새 전 애인한테 자주 전화가 걸려오는데 HD 같아서 기분 나빠.

北原保雄編著(2008)『KY式日本語』大修館書店より

# 基本会話 5

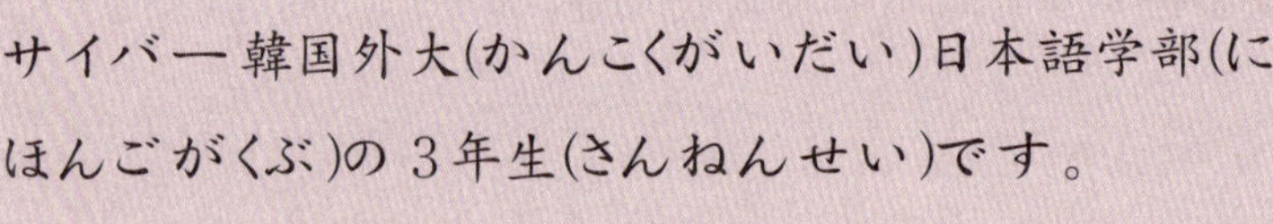

한국어 역
A : 그럼 자기소개 부탁합니다.
B : 처음뵙겠습니다. 이시우입니다.
　　사이버한국외대 일본어 학부 3학년입니다.
　　잘 부탁합니다.

한국어 역
A : 그럼 자기소개 부탁합니다.
B : 처음뵙겠습니다. 나하나입니다.
　　사이버한국외대 일본어 학부 3학년입니다.
　　잘 부탁합니다.

포인트 체크

➲ **では** : 접속사로 "그러면", "그렇다면", "그럼"의 뜻으로 「それなら」, 「それでは」와 같은 의미이다.

➲ **숫자+年生(ねんせい)** : 일본에서는 학년을 가리킬 때 숫자 뒤에 「年生」(ねんせい)를 붙여 나타낸다. 그런데 「年生」라고 쓰고 「ねんせい」로 읽는 것이 아니라 「ねんうまれ」라고 읽으면 한국어로는 "-년생"의 의미가 되니 주의를 요한다.

예) 1年生(いちねんせい) : 1학년
　　1991年生まれ(せんきゅうひゃくきゅうじゅういちねんうまれ) : 1991년생

シベリア(むかしのおかし)

バリエーション5　いろいろなバリエーションで練習しよう

<table>
<tr><td>

1 여러 사람 앞에서 자기를 간략히 소개할 때

A：では、自己紹介（じこしょうかい）お願
（ねが）いします。

　그럼 자기소개 부탁합니다.

B：はじめまして。イ・シウです。
サイバー韓国外大（かんこくがいだ
い）日本語学部（にほんごがくぶ）の
３年生（さんねんせい）です。どうぞ
よろしくお願（ねが）いします。

　처음뵙겠습니다. 이시우입니다.
　사이버한국외대 일본어 학부 3학년입니다.
　잘 부탁합니다.

</td><td>

① 여러 사람 앞에서 자기를 간략히 소개할 때

A：では、自己紹介（じこしょうかい）お願
（ねが）いします。

　그럼 자기소개 부탁합니다.

B：はじめまして。ナ・ハナです。
サイバー韓国外大（かんこくがいだ
い）日本語学部（にほんごがくぶ）の
３年生（さんねんせい）です。どうぞ
よろしくお願（ねが）いします。

　처음뵙겠습니다. 나하나입니다.
　사이버한국외대 일본어 학부 3학년입니다.
　잘 부탁합니다.

</td></tr>
</table>

あんみつ(むかしのおかし)

말하기 연습

▌남자 버전 (A는 20대 중반에서 30대 초반)

A가 소원한 손윗사람 B를 만났을 때

A：はじめまして。（　　　）と申（もう）します。
처음 뵙겠습니다. (자신의 이름)(이)라고 합니다.

どうぞよろしくお願（ねが）いいたします。
잘 부탁 드립니다.

B：佐藤（さとう）たもつです。こちらこそよろしくお願（ねが）いします。
사토 다모츠에요. (저야말로) 잘 부탁해요.

A가 소원한 동년배 B를 만났을 때

A：はじめまして。（　　　　）です。
처음 뵙겠습니다. (자신의 이름)입니다.

どうぞよろしくお願（ねが）いします。
잘 부탁합니다.

B：佐藤（さとう）たもつです。こちらこそよろしくお願（ねが）いします。
사토 다모츠입니다. 저야말로 잘 부탁합니다.。

A가 소원한 중고등학생B를 만났을 때

A：はじめまして。（　　　　）です。よろしく。
안녕. (자신의 이름)(이)야.　　잘 부탁해.

B：佐藤（さとう）たもつです。こちらこそよろしくお願（ねが）いします。
사토 다모츠입니다. 저야말로 잘 부탁합니다.

A가 소원한 초등학생 남자아이 B를 만났을 때

A：やあ。おれは（　　　　）っていうんだ。よろしくな。
안녕. 난 (자신의 이름)(이)라고 해. 잘 부탁한다.

B：ぼく、佐藤（さとう）たもつ。よろしく。
나 사토 다모츠. 잘 부탁해(요).

A가 소원한 손윗사람 B를 만났을 때

A：はじめまして。(　　　　　)と申(もう)します。
　　처음 뵙겠습니다. (자신의 이름)라고 합니다.

　　どうぞよろしくお願(ねが)いいたします。
　　잘 부탁 드립니다.

B：佐藤(さとう)ゆかりです。こちらこそよろしくお願(ねが)いします。
　　사토 유카리에요. 저야말로 잘 부탁해요.

A가 소원한 동년배 B를 만났을 때

A：はじめまして。(　　　　　)です。
　　처음 뵙겠습니다. (자신의 이름)입니다.

　　どうぞよろしくお願(ねが)いします。
　　잘 부탁합니다.

B：佐藤(さとう)ゆかりです。こちらこそよろしくお願(ねが)いします。
　　사토 유카리입니다. 저야말로 잘 부탁합니다.

A가 소원한 중고등학생 B를 만났을 때

A：はじめまして。(　　　　　)です。よろしく。
　　안녕. (　　　　　)(이)에요. 잘 부탁해(요).

B：佐藤(さとう)ゆかりです。こちらこそよろしくお願(ねが)いします。
　　사토 유카리입니다. 저야말로 잘 부탁합니다.

A가 소원한 초등학생 여자아이 B를 만났을 때

A：こんにちは。(　　　　　)。
　　안녕. 난 (자신의 이름)(이)라고 해.

B：わたし、佐藤(さとう)ゆかり。よろしく。
　　나 사토 유카리. 잘 부탁해.

말하기 연습

▌남자 버전 (B는 20대 중반에서 30대 초반)

여러 사람 앞에서 자기를 간략히 소개할 때

A : では、自己紹介(じこしょうかい)お願(ねが)いします。
그럼 자기소개 부탁합니다.

B : はじめまして。(　　　　)です。
처음 뵙겠습니다. (자신의 이름)입니다.

サイバー韓国外大(かんこくがいだい)(　　　　)の(　　　　)です。
사이버한국외대 (소속학부) (몇 학년)입니다.

どうぞよろしくお願(ねが)いします。
잘 부탁합니다.

▌여자 버전 (B는 20대 중반에서 30대 초반)

여러 사람 앞에서 자기를 간략히 소개할 때

A : では、自己紹介(じこしょうかい)お願(ねが)いします。
그럼 자기소개 부탁합니다.

B : はじめまして。(　　　　)です。
처음 뵙겠습니다. (자신의 이름)입니다.

サイバー韓国外大(かんこくがいだい)(　　　　)の(　　　　)です。
사이버한국외대 (소속학부) (몇 학년)입니다.

どうぞよろしくお願(ねが)いします。
잘 부탁합니다.

방언으로 듣는 모모타로우

▎大阪府(おおさかふ)大阪市(おおさかし) 화자의 모모타로우 

ムカシムカシ　アルトコロニナ　オジイサントオバアサンガ　オッテント
옛날　옛날　어떤 곳에　　할아버지와　할머니가　　　있었습니다.

オジイサンガ　ヤマヘ　シバヲカリニ　オバアサンガ　カワヘセンタクニイッテント
할아버지는　산에　나무하러　할머니는　　개울에　빨래를 하러　갔습니다.

オバアサンガ　センタクヲシテイルト　カワノウエカラ　オオキナ　モモガ
할머니가　　빨래를 하고 있는데　　냇가 윗쪽에서　커다란　복숭아가

ドンブラコ　ドンブラコト　ナガレテキテント
둥실 둥실　　　　떠내려 왔습니다.

オバアサンハ　ソノモモヲヒロオテ　ウチヘカエッテント
할머니는　　그 복숭아를 주워서　집으로 돌아왔습니다.

オバアサンガ　モモヲキロウトスルト　モモガ　　フタアツニワレテ
할머니가　　복숭아를 자르려고 하자　복숭아가　두 개로 갈라져

ナカカラ　オオキナ　オトコノコガ　ウマレテント
안에서　커다란　남자아이가　태어났습니다.

オジイサント　オバアサンハ　ソノコニ　　モモタロウトイウ　ナヲツケテント
할아버지와　할머니는　　그 아이에게　모모타로우라고 하는 이름을 붙였습니다.

- 「オッテント」「イッテント」와 같이 「～だそうだ」(–라고 한다)의 의미로「～テント」를 사용하고 있음.
- 「洗濯」이「センダク」와 같이 탁음화됨.(西日本方言의 특색)
- 「ヤマエ」(●○○), 「カワエ」(●○○)라고 하는 악센트의 특색은 京都와 같음.

佐藤亮一(さとうりょういち)監修(2002)『方言の地図帳』小学館より

MEMO

第 5 課

소개 표현 (Ⅱ)

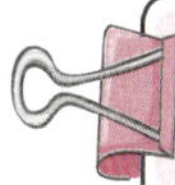

[학습내용]

□ 여러 사람 앞에서의 자기 및 가족 소개 표현
□ 소원한 중학생 이하의 사람 앞에서의 자기 및 가족 소개 표현
□ 아는 손윗사람에게 자신의 친구를 소개할 때의 표현
□ 아는 동년배에게 자신의 친구를 소개할 때의 표현

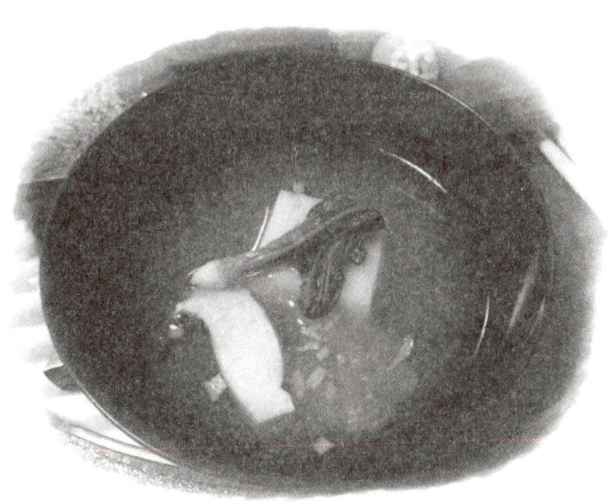

お椀 : お吸い物

새로운 단어

☐ 好(す)きだ	좋아하다	
☐ 食(た)べ物(もの)	음식	
☐ うどん	우동	
☐ 蕎麦(そば)	메밀국수	
☐ ラーメン	라면	
☐ すき焼(や)き	전골요리	
☐ しゃぶしゃぶ	샤브샤브	
☐ 牛丼(ぎゅうどん)	소고기 덮밥	
☐ 趣味(しゅみ)	취미	
☐ 読書(どくしょ)	독서	
☐ 旅行(りょこう)	여행	
☐ 音楽鑑賞(おんがくかんしょう)	음악감상	
☐ 登山(とざん)	등산	
☐ 水泳(すいえい)	수영	
☐ スキー	스키	
☐ 誰(だれ)	누구	
☐ ～とでも	-라도	
☐ 仲良(なかよ)く	사이좋게	
☐ できる	할 수 있다	
☐ 明(あか)るい	밝다	
☐ 性格(せいかく)	성격	
☐ 家族(かぞく)	가족	
☐ 三人家族(さんにんかぞく)	3인 가족	
☐ 四人家族(よにんかぞく)	4인 가족	
☐ 五人家族(ごにんかぞく)	5인 가족	
☐ 六人家族(ろくにんかぞく)	6인 가족	
☐ 祖父(そふ)	할아버지	
(자신의 할아버지를 남에게 말할 때)		
☐ 祖母(そぼ)	할머니	
(자신의 할머니를 남에게 말할 때)		
☐ 父(ちち)	아버지	
(자신의 아버지를 남에게 말할 때)		
☐ 母(はは)	어머니	
(자신의 어머니를 남에게 말할 때)		
☐ 兄(あに)	형 또는 오빠	

(자신의 형 또는 오빠를 남에게 말할 때)		
☐ 弟(おとうと)	남동생	
(자신의 남동생을 남에게 말할 때)		
☐ 姉(あね)	누나 또는 언니	
(자신의 누나 또는 언니를 남에게 말할 때)		
☐ 妹(いもうと)	여동생	
(자신의 여동생을 남에게 말할 때)		
☐ 大学(だいがく)	대학	
☐ 高校(こうこう)	고교	
☐ 中学校(ちゅうがっこう)	중학교	
☐ 小学校(しょうがっこう)	초등학교	
☐ 後輩(こうはい)	후배	
☐ ～だ	-다	
☐ よ	-야(종조사)	
☐ ～なの	-야	
☐ お久(ひさ)しぶりです	오래간만입니다	
☐ 元気(げんき)だ	건강하다	
☐ やあ	야아(감탄사)	
☐ 君(きみ)	너(손윗사람이 아랫사람에게 씀)	
☐ ～だったかい	-였니	
☐ おかげさまで	덕분에	
☐ そちら	그 쪽	
☐ どちらさん	어느 분	
☐ ～かな	-이지(종조사)	
☐ ああ	아(감탄사)	
☐ 失礼(しつれい)する	실례하다	
☐ そうですか	그래요	
☐ うん	응(응답사)	
☐ となりの人(ひと)	옆사람	
☐ こいつ	이 녀석	
☐ ～なんだ	-야	
☐ ええ	응(응답사)	
☐ どなた	누구(誰의 존경어)	
☐ ～ちゃん	-짱(어린이나 여자를 귀엽게 부를 때 이름 뒤에 붙임)	

基本会話1

はじめまして。イ・シウと申します。

サイバー韓国外大(かんこくがいだい)日本語学部(にほんごがくぶ)の1年生(いちねんせい)です。

好(す)きな食(た)べ物(もの)はすきやきで、趣味(しゅみ)は読書(どくしょ)です。

誰(だれ)とでも仲良(なかよ)くできる明(あか)るい性格(せいかく)です。

家族(かぞく)は、父(ちち)、母(はは)、弟(おとうと)、妹(いもうと)の五人家族(ごにんかぞく)です。

どうぞよろしくお願(ねが)いします。

한국어 역

A : 처음 뵙겠습니다.이시우입니다
사이버 한국외대 일본어학부 1학년입니다
좋아하는 음식은 전골요리고 취미는 독서입니다.
누구와도 친하게 잘 지낼 수 있는 밝은 성격입니다.
가족은 아버지, 어머니, 남동생, 여동생 합해서 5인 가족입니다.
잘 부탁합니다.

会席料理(かいせきりょうり)

はじめまして。ナ・ハナです。

サイバー韓国外大(かんこくがいだい)日本語学部(にほんごがくぶ)の1年生(いちねんせい)です。

好(す)きな食(た)べ物(もの)はすきやきで、趣味(しゅみ)は音楽鑑賞(おんがくかんしょう)です。

誰(だれ)とでも仲良(なかよ)くできる明(あか)るい性格(せいかく)です。

家族(かぞく)は、父(ちち)、母(はは)、弟(おとうと)、妹(いもうと)の五人家族(ごにんかぞく)です。

どうぞよろしくお願(ねが)いします。

한국어 역　A : 처음 뵙겠습니다. 나하나입니다.
사이버 한국외대 일본어학부 1학년입니다.
좋아하는 음식은 전골요리고 취미는 음악감상입니다.
누구와도 친하게 잘 지낼 수 있는 밝은 성격입니다.
가족은 아버지, 어머니, 남동생, 여동생 해서5인 가족입니다.
잘 부탁합니다.

カフェスイーツ

포인트 체크

- **명사+です** :「です」는 "입니다"로 해석되며,「だ」("이다")의 정중체이다.

  예) 1年生(いちねんせい)です。일학년입니다.
  1年生(いちねんせい)だ。일학년이다.

- **명사1+の+명사2** : 명사1+ の +명사2 의 경우 "-의"로 해석된다. 하지만 한국어로는 "의"를 생략하여 표현할 때가 많다.

  예) 日本語学部(にほんごがくぶ)の1年生(いちねんせい) 일본어학부 일학년

- **명사1+명사2で、명사3+명사4です** : 명사문을 연결시킬 때, 일본어는 조사「で」를 사용하며 한국어로 "-(이)고"로 해석한다.

  예) 好(す)きな食(た)べ物(もの)はすきやきで、趣味(しゅみ)は読書(どくしょ)です。
  좋아하는 음식은 전골요리이고 취미는 독서입니다.

- **誰(だれ)とでも** :「誰(だれ)」는 "누구", 조사「と」는 "와", 조사「でも」는 "(라)도"로, 전체적으로는 "누구와라도", "누구와도"로 해석된다.

- **家族(かぞく)は、父(ちち)、母(はは)、弟(おとうと)、妹(いもうと)の五人家族(ごにんかぞく)です**
  : 자신의 가족을 남에게 소개할 때의 전형적인 표현이다. 자신의 가족을 상대에게 표현할 때임으로 お父(とう)さん, お母(かあ)さん, 弟(おとうと)さん, 妹(いもうと)さん을 쓰지 않고 자신의 가족을 낮추어 父(ちち), 母(はは), 弟(おとうと), 妹(いもうと)를 사용한다. 그리고 "몇 인 가족"이라는 표현을 "숫자+人家族(にんかぞく)"(으)로 표현한다.

- 소원한 중학생 이하의 사람 앞에서 자기 및 가족을 소개할 때, 처음 만남이지만 딱딱하지 않고 친근감을 주기 위해「はじめまして」대신에「こんにちは」를 쓸 수 있다. 또한 마지막 부분도 상대에게 그다지 정중하지 않아도 되기 때문에 정중한 표현인「どうぞよろしくお願(ねが)いします」대신에「よろしく」또는 조사「ね」를 붙여「よろしくね」정도로 표현한다.

バリエーション１

いろいろなバリエーションで練習しよう

남자주인공 버전
(A는20대 중반에서 30대 초반의 남자)

1여러 사람 앞에서 자기 및 가족을 구체적으로 소개할 때

A：はじめまして。イ・シウと申します。サイ
バー韓国外大(かんこくがいだい)日
本語学部(にほんごがくぶ)の1年生(い
ちねんせい)です。
好(す)きな食(た)べ物(もの)はすきやき
で、趣味(しゅみ)は読書(どくしょ)で
す。誰(だれ)とでも仲良(なかよ)くでき
る明(あか)るい性格(せいかく)です。
家族(かぞく)は、父(ちち)、母(はは)、
弟(おとうと)、妹(いもうと)の五人家族
(ごにんかぞく)です。
どうぞよろしくお願(ねが)いします。

처음 뵙겠습니다. 이시우입니다. 사이버 한국외대
일본어학부 1학년입니다.
좋아하는 음식은 전골요리고 취미는 독서입니다.
누구와도 친하게 잘 지낼 수 있는 밝은 성격입니다.
가족은 아버지, 어머니, 남동생, 여동생 합해서 5
인 가족입니다. 잘 부탁합니다.

**2소원한 중학생 이하의 사람 앞에서 자기 및 가족을 구체
적으로 소개할 때**

A：こんにちは。イ・シウです。サイバー
韓国外大(かんこくがいだい)日本語
学部(にほんごがくぶ)の1年生(いちね
んせい)です。
好(す)きな食(た)べ物(もの)はすきやき
で、趣味(しゅみ)は読書(どくしょ)で
す。
家族(かぞく)は、父(ちち)、母(はは)、
弟(おとうと)、妹(いもうと)の五人家族
(ごにんかぞく)です。よろしく。

안녕. 난 이시우야. 사이버 한국외대 일본어학부
1학년이야.
좋아하는 음식은 전골요리고 취미는 독서야.
가족은 아버지, 어머니, 남동생, 여동생 합해서5
인 가족이야. 잘 부탁한다.

여자주인공 버전
(A는20대 중반에서 30대 초반의 여자)

① 여러 사람 앞에서 자기 및 가족을 구체적으로 소개할 때

A：はじめまして。ナ・ハナです。サイバー
韓国外大(かんこくがいだい)日本語
学部(にほんごがくぶ)の1年生(いちね
んせい)です。
好(す)きな食(た)べ物(もの)はすきやき
で、趣味(しゅみ)は音楽鑑賞(おんが
くかんしょう)です。
誰(だれ)とでも仲良(なかよ)くできる明
(あか)るい性格(せいかく)です。家族
(かぞく)は父(ちち)、母(はは)、弟(おと
うと)、妹(いもうと)の五人家族(ごにん
かぞく)です。
どうぞよろしくお願(ねが)いします。

처음 뵙겠습니다. 나하나입니다. 사이버한국외대
일본어학부 1학년 입니다.
좋아하는 음식은 전골요리고 취미는 음악감상 입
니다. 누구와도 친하게 잘 지낼 수 있는밝은 성격
입니다.
가족은 아버지, 어머니, 남동생, 여동생 해서 5인
가족입니다. 잘 부탁합니다.

**②소원한 중학생 이하의 사람 앞에서 자기 및 가족을 구
체적으로 소개할 때**

A：こんにちは。ナ・ハナです。サイバー
韓国外大(かんこくがいだい)日本語
学部(にほんごがくぶ)の1年生(いちね
ん)せいです。
好(す)きな食べ物(たべもの)はすきやき
で、趣味(しゅみ)は音楽鑑賞(おんが
くかんしょう)です。
家族(かぞく)は、父(ちち)、母(はは)、
弟(おとうと)、妹(いもうと)の五人家族
(ごにんかぞく)です。よろしくね。

안녕. 난 나하나야. 사이버 한국외대 일본어학부
1학년이야.
좋아하는 음식은 전골요리고 취미는 음악감상이야.
가족은 아버지, 어머니, 남동생, 여동생 합해서 5
인 가족이야.잘 부탁해.

KY式 日本語

[IT]=”I”su Tabetai(アイス食べたい)

아이스크림이 먹고 싶다. 「무척 춥지만 IT!」 여중생과 여고생들 사이에서 널리 사용됨.

또, 「みんなでIT(アイス食べよう)」(모두 아이스크림 먹자.)와 같이 권유의 의미로 사용되는 경우도 있다. KY어에서는 문 말을 세세하게 표현할 수 없기 때문에 전후의 문맥에 의해 희망, 권유 등의 의미를 가질 때가 있는데 이것은 전형적인 예이다.

北原保雄編著(2008)『KY式日本語』大修館書店より

お久(ひさ)しぶりです。お元気(げんき)でしたか？

やあ、どうも。君(きみ)も元気だったかい。

おかげさまで元気(げんき)です。

そちらはどちらさんかな？

ああ、失礼(しつれい)しました。こちらは僕(ぼく)の大学(だいがく)の友達(ともだち)です。

はじめまして。シウさんの友達(ともだち)、ナ・ハナです。よろしくお願(ねが)いします。

あ、そうですか。私(わたし)はチョン・シミンです。こちらこそよろしく。

한국어 역
A : 오래간만입니다. 잘 지내셨어요?
B : 응 고맙다. 너도 잘 지내지?
A : 덕분에 잘 지냅니다.
B : 그 쪽은 누구?
A : 아, 실례했습니다. 이 쪽은 제 대학 친구입니다.
C : 처음 뵙겠습니다. 시우 친구 나하나입니다.
　　잘 부탁합니다.
B : 아 그래요. 전 정시민이에요. 잘 부탁해요.

한국어 역

A : 오래간만입니다. 잘 지내셨어요?
B : 응 고맙다. 너도 잘 지내지?
A : 덕분에 잘 지냅니다.
B : 그 쪽은 누구?
A : 아, 실례했습니다. 이 쪽은 제 대학 친구입니다.
C : 처음 뵙겠습니다. 하나 친구 이시우입니다. 잘 부탁합니다.
B : 아 그래요. 전 정지우에요. 잘 부탁해요.

➡ **久(ひさ)しぶりです** : 오래간만에 아는 손윗사람이나 그다지 친하지 않은 동년배를 만났을 때 사용하는 인사말로 "오래간만입니다"로 해석된다. 주로 앞에 존경의 접두어 「お」를 붙여 「お久(ひさ)しぶりです」로 표현하는 경우가 많다. 친한 동년배의 경우는 「久(ひさ)しぶり」만으로 표현한다.

➡ **な形容詞＋でした** : な形容詞의 정중한 과거표현은 な形容詞 뒤에 「でした」를 붙여서 나타내며 "-았(었)습니다" 또는 "-았(었)어요"로 해석된다. 정중한 현재표현은 な形容詞 뒤에 「です」를 붙여서 나타내며 "-ㅂ(습)니다"또는 "-아(어)요"로 해석된다.

예) 元気でした 건강했습니다.
　　元気です　 건강합니다.

➡ **な形容詞＋だった** : な形容詞의 보통의 과거표현은 な形容詞 뒤에 「だった」를 붙여서 나타내며 "-았(었)다"로 해석된다. 보통의 현재표현은 な形容詞 뒤에 「だ」를 붙여서 나타내며 "-다"또는 "-아(어)"로 해석된다.

예) 元気だった 건강했다.
　　元気だ 건강하다.

➡ **おかげさまで** : 인사말에 주로 사용되며 "덕분에"로 해석된다. 인사말이 아닌 경우 「さま」를 빼고 「おかげで」만으로도 "덕분에"라는 뜻으로 사용된다.

➡ **〜かい** : 종조사로 친밀감을 갖고 묻거나 확인하는 기분을 나타내는 말로 "-냐", "-니"로 해석된다.

예) 見(み)たかい 보았니.
　　もういいかい　 이제 됐니.

➡ **〜なんだ** : "なのだ"의 구어체로 체언 및 이에 준하는 말에 붙어서 "だ"보다도 강한 단정을 나타낸다. "〜인 것이다", "〜이란 말이다"로 해석된다.

예) これが結論(けつろん)なんだ。 이것이 결론인 것이다.

バリエーション 2
いろいろなバリエーションで練習しよう

남자주인공 버전	여자주인공 버전
(A는 20대 중반에서 30대 초반의 남자)	(A는 20대 중반에서 30대 초반의 여자)

1 아는 손윗사람 남자 B에게 A가 친구 C를 소개할 때

A: お久(ひさ)しぶりです。お元気(げんき)で
したか？
오래간만입니다. 잘 지내셨어요?

B: やあ、どうも。君(きみ)も元気だったかい。
응 고맙다. 너도 잘 지내지?

A: おかげさまで元気(げんき)です。
덕분에 잘 지냅니다.

B: そちらはどちらさんかな？
그 쪽은 누구?

A: ああ、失礼(しつれい)しました。こちらは
僕(ぼく)の大学(だいがく)の友達(ともだ
ち)です。
아, 실례했습니다. 이 쪽은 제 대학 친구입니다.

C: はじめまして。シウさんの友達(ともだち)、
ナ・ハナです。よろしくお願(ねが)いします。
처음 뵙겠습니다. 시우 친구 나하나입니다. 잘 부
탁합니다.

B: あ、そうですか。私(わたし)はチョン・シミ
ンです。こちらこそよろしく。
아 그래요. 전 정시민이에요. 잘 부탁해요.

2 친한 동년배인 남자 B에게 A가 친구 C를 소개할 때

A: 久(ひさ)しぶり。元気(げんき)だった？
오래간만이다. 잘 지냈어?

B: ああ、元気だよ。シウも？
응 잘 지냈어. 너도?

A: うん、元気(げんき)。
응 잘 지내.

B: 友達？
옆에 있는 사람은 친구?

A: ああ、僕(ぼく)の大学(だいがく)の友達
(ともだち)なんだ。
아아, 내 대학 친구.

B: こんにちは。チョン・シミンです。
안녕하세요. 정 시민이에요.

C: はじめまして。シウくんの友達(ともだち)、
ナ・ハナです。よろしくお願(ねが)いしま
す。
처음 봬요. 시우 친구 나하나에요. 잘 부탁해요.

① 아는 손윗사람 여자 B에게 A가 친구 C를 소개할 때

A: お久(ひさ)しぶりです。お元気(げんき)で
したか？
오래간만입니다. 잘 지내셨어요?

B: ええ、どうも。あなたも元気(げんき)だっ
た？
응 고맙다. 너도 잘 지내지?

A: おかげさまで元気(げんき)です。
덕분에 잘 지냅니다.

B: そちらはどなた？
그 쪽은 누구?

A: あ、失礼(しつれい)しました。こちらは私
(わたし)の大学(だいがく)の友達(ともだ
ち)です。
아, 실례했습니다. 이 쪽은 제 대학 친구입니다.

C: はじめまして。ハナさんの友達(ともだち)、
イ・シウです。よろしくお願(ねが)いします。
처음 뵙겠습니다. 하나 친구 이시우입니다. 잘 부
탁합니다.

B: あ、そうですか。私(わたし)はチョン・ジウ
です。こちらこそよろしく。
아 그래요. 전 정지우예요. 잘 부탁해요

② 아는 동년배인 여자 B에게 A가 친구 C를 소개할 때

A: 久(ひさ)しぶり。元気(げんき)だった？
오래간만이다. 잘 지냈어?

B: うん、元気(げんき)。ハナちゃんも？
응 잘 지냈어. 너도?

A: うん、元気(げんき)。
응 잘 지내.

B: 友達？
옆에 있는 사람은 친구?

A: ああ、大学(だいがく)の友達(ともだち)。
아아, 내 대학 친구.

B: こんにちは。チョン・ゴウンです。
안녕하세요. 정 고운이에요.

C: はじめまして。ハナさんの友達(ともだ
ち)、イ・シウです。よろしくお願(ねが)い
します。
처음 봬요. 하나 친구 이시우에요. 잘 부탁해요.

▮ 남자 버전 (A는 20대 중반에서 30대 초반)

1 여러 사람 앞에서 자기 및 가족을 구체적으로 소개할 때

A : はじめまして。(　　　　　　)です。
처음 뵙겠습니다.(자신의 이름)입니다.

サイバー韓国外大(かんこくがいだい)日本語学部(にほんごがくぶ)の(　　　)です。
사이버 한국외대 일본어학부 (학년)입니다.

好(す)きな食(た)べ物(もの)はうどんで、趣味(しゅみ)は読書(どくしょ)です。
좋아하는 음식은 우동이고 취미는 독서입니다.

誰(だれ)とでも仲良(なかよ)くできる明(あか)るい性格(せいかく)です。
누구와도 친하게 잘 지낼 수 있는 밝은 성격입니다.

家族(かぞく)は、(　　　　　　　　　)の
가족은 (가족 명) 합해서

(　　　　　)家族(かぞく)です。
(몇 인) 가족입니다.

どうぞよろしくお願(ねが)いします。
잘 부탁합니다.

2 소원한 중학생 이하의 사람 앞에서 자기 및 가족을 구체적으로 소개할 때

A : こんにちは。(　　　　　　)です。
안녕. 난 (자신의 이름)(이)야.

サイバー韓国外大(かんこくがいだい)日本語学部(にほんごがくぶ)の(　　　　　)で
す。
사이버 한국외대 일본어학부 (학년)이야.

好(す)きな食(た)べ物(もの)はすきやきで、趣味(しゅみ)は旅行(りょこう)です。
좋아하는 음식은 전골요리고 취미는 여행이야.

家族(かぞく)は、(　　　　　　　)の(　　　　)家族(かぞく)です。
가족은 (가족 명) 합해서 (몇 인) 가족이야.

よろしく。
잘 부탁한다.

① 여러 사람 앞에서 자기 및 가족을 구체적으로 소개할 때

A : はじめまして。(　　　　　　)です。
　　처음 뵙겠습니다.(자신의 이름)입니다.

　　サイバー韓国外大(かんこくがいだい)日本語学部(にほんごがくぶ)の(　　　　　)です。
　　사이버 한국외대 일본어학부 (학년)입니다.

　　好(す)きな食(た)べ物(もの)はそばで、趣味(しゅみ)は音楽鑑賞(おんがくかんしょう)です。
　　좋아하는 음식은 메밀국수이고 취미는 음악감상입니다.

　　誰(だれ)とでも仲良(なかよ)くできる明(あか)るい性格(せいかく)です。
　　누구와도 친하게 잘 지낼 수 있는 밝은 성격입니다.

　　家族(かぞく)は、(　　　　　　　　　　)の(　　　　)家族(かぞく)です。
　　가족은 (가족 명) 해서 (몇 인) 가족입니다.

　　どうぞよろしくお願(ねが)いします。
　　잘 부탁합니다.

② 소원한 중학생 이하의 사람 앞에서 자기 및 가족을 구체적으로 소개할 때

A : こんにちは。(　　　　　)です。
　　안녕. 난 (자신의 이름)(이)야.

　　サイバー韓国外大(かんこくがいだい)日本語学部(にほんごがくぶ)の(　　　　　)です。
　　사이버 한국외대 일본어학부 (학년)이야.

　　好(す)きな食(た)べ物(もの)はラーメンで、趣味(しゅみ)はスキーです。
　　좋아하는 음식은 라면이고 취미는 스키야.

　　家族(かぞく)は、(　　　　　　　　　　)の
　　가족은 (가족 명) 합해서

　　(　　　　　)家族(かぞく)です。
　　(몇 인) 가족이야.

　　よろしくね。
　　잘 부탁해.

▌남자 버전 (A는 20대 중반에서 30대 초반)

1 아는 손윗사람 남자 B에게 A가 친구 C를 소개할 때

A：お久(ひさ)しぶりです。お元気(げんき)でしたか？
　　오래간만입니다. 잘 지내셨어요?

B：やあ、どうも。君(きみ)も元気(げんき)だったかい？
　　응 고맙다. 너도 잘 지내지?

A：おかげさまで元気(げんき)です。
　　덕분에 잘 지냅니다.

B：そちらはどちらさんかな？
　　그 쪽은 누구?

A：ああ、失礼(しつれい)しました。こちらは僕(ぼく)の（　　　　）の（　　　　）です。
　　아, 실례했습니다. 이 쪽은 제 (소속) (관계)입니다.

C：はじめまして。（　　　）さんの友達(ともだち)、（　　　）です。よろしくお願(ねが)いします。
　　처음 뵙겠습니다. (이름) 친구, (이름)입니다. 잘 부탁합니다.

B：あ、そうですか。私(わたし)は（　　　　）です。こちらこそよろしく。
　　아 그래요. 전 (이름)이에요. 잘 부탁해요.

2 아는 동년배인 남자 B에게 A가 친구 C를 소개할 때

A：久(ひさ)しぶり。元気(げんき)だった？
　　오래간만이다. 잘 지냈어?

B：ああ、元気(げんき)だよ。（　　　）も？
　　응 잘 지냈어. (이름)도?

A：うん、元気(げんき)。
　　응 잘 지내.

B：友達(ともだち)？
　　옆에 있는 사람은 친구?

A：ああ、僕(ぼく)の（　　　　　）の友達(ともだち)なんだ。
　　아아, 내 (소속) 친구.

B：こんにちは。（　　　　）です。
　　안녕하세요. (이름)이에요.

C：はじめまして。（　　　）くんの友達(ともだち)、（　　　　）です。よろしくお願(ねが)いします。
　　처음 봬요. (이름) 친구, (이름)(이)에요. 잘 부탁해요.

① 아는 손윗사람 여자 B에게 A가 친구 C를 소개할 때

A : お久(ひさ)しぶりです。お元気(げんき)でしたか？
　　오래간만입니다. 잘 지내셨어요?

B : ええ、どうも。あなたも元気(げんき)だった ？
　　응 고맙다. 너도 잘 지내지?

A : おかげさまで元気(げんき)です。
　　덕분에 잘 지냅니다.

B : そちらはどなた ？
　　그 쪽은 누구?

A : あ、失礼(しつれい)しました。こちらは私(わたし)の(　　　　　)の友達(ともだち)です。
　　아, 실례했습니다. 이 쪽은 제 (소속) 친구입니다.

C : はじめまして。(　　　)さんの友達(ともだち)、(　　　)です。よろしくお願(ねが)いします。
　　처음 뵙겠습니다. (이름) 친구, (이름)입니다. 잘 부탁합니다.

B : あ、そうですか。私(わたし)は(　　　　　)です。こちらこそよろしく。
　　아 그래요. 전 (　이름　)예요. 잘 부탁해요.

② 아는 동년배인 여자 B에게 A가 친구 C를 소개할 때

A : 久(ひさ)しぶり。元気(げんき)だった ？
　　오래간만이다. 잘 지냈어?

B : うん、元気(げんき)。(　　　)ちゃんも？
　　응 잘 지냈어. (이름)도?

A : うん、元気(げんき)。
　　응 잘 지내.

B : 友達(ともだち) ？
　　옆에 있는 사람은 친구?

A : ああ、(　　　　　)の友達(ともだち)。
　　아아, 내 (소속) 친구.

B : こんにちは。(　　　　　)です。
　　안녕하세요. (이름)이에요.

C : はじめまして。(　　　)さんの友達(ともだち)、(　　　　　)です。よろしくお願(ねが)いします。
　　처음 봐요. (이름) 친구, (이름)(이)에요. 잘 부탁해요.

방언으로 듣는 모모타로우

富山県(とやまけん)東礪波郡(ひがしとなみぐん)上平村(かみたいらむら)

화자의 모모타로우 

ムカシィ　ドコヤラデナ　ジーサト　ババサガ　イヤッタトヨ
옛날 옛날　어떤 곳에　　할아버지와 할머니가　있었습니다.

ジーサハナ　ヤマニシバカン　ババサハナ　カワヘ　センタクニイキャッタトヨ
할아버지는　　산에 나무하러　　할머니는　　　개울에　　빨래를 하러 갔습니다.

ババサガ　センダクシテヤッタラナ　カワノカミカラ　デッカイモモガ
할머니가　　빨래를 하고 있는데　　　냇가 윗쪽에서　　커다란 복숭아가

ドンブリコ　ドンブリコト　ナガレテキタトヨ
둥실 둥실　　　　　　떠내려 왔습니다.

ババサハナ　ソノモモヲ　ヘロテ　ウチヘ　カエリャットヨ
할머니는　　　그 복숭아를 주워서　집으로　돌아왔습니다.

ババサガ　モモヲ　キロートシヤッタラナ　モモガ　フタツニワレテ
할머니가　　복숭아를 자르려고 하자　　　복숭아가 두 개로 갈라져

ナカカラ　デッカイ　オトコノコガ　ウマレタトヨ
안에서　　커다란　　남자아이가　　　태어났습니다.

ジーサト　ババサハナ　ソノコヲネ　モモタローユーナーオ　ツキャッタトヨ
할아버지와 할머니는　　　그 아이에게　모모타로우라고 하는　　　이름을 붙였습니다

▌ 富山県(とやまけん)東礪波郡(ひがしとなみぐん)上平村(かみたいらむら)방언의 특색

- ジーサ おじいさん 할아버지.

- ババサ おばあさん 할머니.

- 「イヤタトヨ」(おられたそうだ 계셨다고 한다), 「イキヤッタトヨ」(行かれたそうだ 가셨다고 한다), 「キロートシヤッタラ」(切ろうとなさったら 자르려고 하셨더니)와 같이 「~ヤル」라고 하는 경어가 보임.

- 「洗濯」이 「センダク」와 같이 탁음화 됨. 이것은 西日本에 널리 보여지는 특색임.

- 「モモタローユー」와 같이 인용의 「ト」를 생략하는 현상(ト抜き現象)은 近畿지방을 중심으로 널리 보여지는 특색임.

- 「名を」를 「ナーオ」로 발음하도록 1음절어가 늘어나는 현상도 西日本적임.

佐藤亮一(さとうりょういち)監修(2002)『方言の地図帳』小学館より

위치 및 장소표현과 시간표현

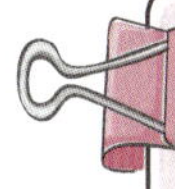

[학습내용]

- □ 처음 보는 어른에게 장소를 물을 때의 표현
- □ 처음 보는 중학생 이하의 사람에게 장소를 물을 때의 표현
- □ 실내에서 급히 시간을 물을 때의 표현
- □ 역에서 전차 출발시간을 물을 때의 표현

むこうづけ　さしみ
向付 : 刺身

☐ 銀行(ぎんこう)	은행	☐ ここ	여기
☐ 郵便局(ゆうびんきょく)	우체국	☐ そこ	거기
☐ 駅(えき)	역	☐ あそこ	저기
☐ 学校(がっこう)	학교	☐ どこ	어디
☐ 公園(こうえん)	공원	☐ この	이
☐ 病院(びょういん)	병원	☐ その	그
☐ 区役所(くやくしょ)	구청	☐ あの	저
☐ 市役所(しやくしょ)	시청	☐ どの	어느
☐ デパート	백화점	☐ こちら	이쪽
☐ ホテル	호텔	☐ そちら	그쪽
☐ 花屋(はなや)	꽃집	☐ あちら	저쪽
☐ 上(うえ)	위	☐ どちら	어느 쪽
☐ 下(した)	아래	☐ あ、そうですか	아, 그렇습니까.
☐ 中(なか)	안, 속	☐ ちょっと	잠깐, 조금
☐ 外(そと)	밖	☐ いい	좋다
☐ 前(まえ)	앞	☐ ～かな	-을래나
☐ 後(うし)ろ	뒤	☐ ～かしら	-을래나(여성전용)
☐ 右(みぎ)	오른쪽	☐ あの	저(감탄사)
☐ 左(ひだり)	왼쪽	☐ いま	지금
☐ 隣(となり)	옆, 이웃	☐ 何時(なんじ)	몇 시
☐ 側(そば)	옆, 근처	☐ おい	야(감탄사. 사람을 부를 때)
☐ ある	있다	☐ 分かった	알았다.
☐ ありますか	있습니까?	☐ サンキュー	고맙다.
☐ あります	있습니다	☐ ねえ	예(감탄사. 사람을 부를 때)
☐ いる	있다(사람, 동물)	☐ 電車(でんしゃ)	전철
☐ いますか	있습니까?	☐ 新幹線(しんかんせん)	신간선(일본고속열차)
☐ います	있습니다	☐ バス	버스
☐ これ	이것	☐ 高速(こうそく)バス	고속버스
☐ それ	그것	☐ タクシ	택시
☐ あれ	저것	☐ 出発(しゅっぱつ)	출발
☐ どれ	어느 것	☐ 九時半(くじはん)	아홉시 반

すみません。この近(ちか)くに銀行(ぎんこう)はありますか?

銀行(ぎんこう)ですか。あの郵便局(ゆうびんきょく)の後(うし)ろにあります。

あ、ありがとうございます

한국어 역
A : 실례지만 이 근처에 은행이 있습니까?
B : 은행말이에요. 저 우체국 뒤에 있어요.
A : 아, 고맙습니다.

すみません。この近(ちか)くに銀行(ぎんこう)はありますか?

銀行(ぎんこう)ですか。あの郵便局(ゆうびんきょく)の後(うし)ろにありますよ。

あ、ありがとうございます

한국어 역
A : 실례지만 이 근처에 은행이 있습니까?
B : 은행말이에요. 저 우체국 뒤에 있어요.
A : 아, 고맙습니다.

포인트 체크

➲ **존재를 나타내는 「ある」/「いる」**

「ある」있다 : 비정물의 존재(물건, 건물, 수목, 화초 등)

「あります」있습니다 :「ある」의 활용형
예) 銀行(ぎんこう)があります。 은행이 있습니다.

「いる」있다 : 유정물의 존재(사람, 동물)

「います」있습니다 :「いる」의 활용형
예) 猫(ねこ)が一匹(いっぴき)います。 고양이가 한 마리 있습니다.

＊ 소유하고 있는 것을 나타낼 때는 사람, 동물의 경우라도 「ある」를 쓸 수 있음.
예) わたしは兄弟(きょうだい)が三人(さんにん)あります。

➲ **위치명사**

上(うえ) 위　　下(した) 아래　　中(なか) 안, 속　　外(そと) 밖

前(まえ) 앞　　後(うし)ろ 뒤　　右(みぎ) 오른쪽　　左(ひだり) 왼쪽

隣(となり) 옆, 이웃　　側(そば) 옆, 근처

➲ **지시어[こ・そ・あ・ど]**

	근칭	중칭	원칭	부정칭
물건	これ 이것	それ 그것	あれ 저것	どれ 어느 것
물건/사람 수식	この 이	その 그	あの 저	どの 어느
장소	ここ 이곳, 여기	そこ 그곳, 거기	あそこ 저곳, 저기	どこ 어느곳, 어디
방향	こちら 이쪽	そちら 그쪽	あちら 저쪽	どちら 어느쪽

バリエーション 1

いろいろなバリエーションで練習しよう

남자주인공 버전	여자주인공 버전
(A는20대 중반에서 30대 초반의 남자)	(A는20대 중반에서 30대 초반의 여자)

1 처음 보는 어른에게 은행을 물을 때

A：すみません。この近(ちか)くに銀行(ぎんこう)はありますか？

실례지만 이 근처에 은행이 있습니까?

B：銀行(ぎんこう)ですか。あの郵便局(ゆうびんきょく)の後(うし)ろにあります。

은행말이에요. 저 우체국 뒤에 있어요

A：あ、ありがとうございます。

아, 고맙습니다

① 처음 보는 어른에게 은행을 물을 때

A：すみません。この近(ちか)くに銀行(ぎんこう)はありますか？

실례지만 이 근처에 은행이 있습니까?

B：銀行(ぎんこう)ですか。あの郵便局(ゆうびんきょく)の後(うし)ろにありますよ。

은행말이에요. 저 우체국 뒤에 있어요

A：あ、ありがとうございます

아, 고맙습니다

2 처음 보는 중학교 남자학생 이하의 사람에게 은행을 물을 때

A：すみません。この近(ちか)くに銀行(ぎんこう)はありますか？

미안하지만, 이 근처에 은행이 있어요?

B：銀行(ぎんこう)ですか。あの郵便局(ゆうびんきょく)の後(うし)ろにあります。

은행말씀이세요. 저 우체국 뒤에 있어요.

A：ありがとう。

고마워요.

② 처음 보는 여자 중학생 이하의 사람에게 은행을 물을 때

A：すみません。この近(ちか)くに銀行(ぎんこう)はありますか？

미안하지만, 이 근처에 은행이 있어요?

B：銀行(ぎんこう)ですか。あの郵便局(ゆうびんきょく)の後(うし)ろにあります。

은행말씀이세요. 저 우체국 뒤에 있어요.

A：あ、ありがとう。

아, 고마워요

KY式 日本語

[IW]=Imi Wakannai(意味わかんない)

① (상대의 말하는 것을)불가해해서 이해할 수 없다.

ほんとあの子って天然だからIWだよね。

정말 그 아이말이야 너무 순수해서 무슨 말 하는지 의미를 모르겠단 말이야

② (지식이나 소양이 부족해서)화제의 내용을 이해할 수 없다.

教育実習の先生、いろいろ教えてくれるんだけど大体IW。

교육실습선생, 여러가지 가르쳐 주는데 도대체 이해를 할 수가 없어.

이해할 수 없는 내용이나 이해하기 위해 노력을 요하는 사항에 대해서 깔끔하게 부정, 거절의 뜻을 나타내는 표현.

③ (부조리한 상대에 대해서)의도나 취지를 이해할 수 없다.

この宿題の量とかって、マジIW。

이 숙제의 양 말이야, 정말 의미를 모르겠네

정말 의미를 모르는 것이 아니라 불만의 뜻을 표명하는 것 같은 장면에서 툭 던지는 말처럼 사용된다.

北原保雄編著(2008)『KY式日本語』大修館書店より

あの、すみません。いま何時(なんじ)ですか?

三時(さんじ)四十分(よんじゅっぷん)です。

あ、そうですか。ありがとうございます。

한국어 역
A : 저 죄송합니다만 지금 몇 시입니까?
B : 세시 사십분입니다.
A : 아 그렇습니까? 감사합니다.

あの、すみません。いま何時(なんじ)ですか?

三時(さんじ)四十分(よんじゅっぷん)です。

あ、そうですか。ありがとうございます。

한국어 역
A : 저 죄송합니다만 지금 몇 시입니까?
B : 세시 사십분이에요.
A : 아 그렇습니까? 감사합니다.

포인트 체크

➲ 시간

0時(れいじ) 영 시　　1時(いちじ) 한 시　　2時(にじ) 두 시
3時(さんじ) 세 시　　4時(よじ) 네 시　　5時(ごじ) 다섯 시
6時(ろくじ) 여섯 시　　7時(しちじ) 일곱 시　　8時(はちじ) 여덟 시
9時(くじ) 아홉 시　　10時(じゅうじ) 열 시　　11時(じゅういちじ) 열한 시
12時(じゅうにじ) 열두 시

➲ 분

1分(いっぷん) 일 분　　2分(にふん) 이 분
3分(さんぷん) 삼 분　　4分(よんぷん) 사 분
5分(ごふん) 오 분　　6分(ろっぷん) 육 분
7分(ななふん/しちふん) 칠 분　　8分(はっぷん) 팔 분
9分(きゅうふん) 구 분　　10分(じゅっぷん/じっぷん) 십 분
20分(にじゅっぷん/にじっぷん) 이십 분　　30分(さんじゅっぷん/さんじっぷん) 삼십 분
40分(よんじゅっぷん/よんじっぷん) 사십 분　　50分(ごじゅっぷん/ごじっぷん) 오십 분
60分(ろくじゅっぷん/ろくじっぷん) 육십 분　　半 (はん) 반

➲ 초

1秒(いちびょう) 일 초　　2秒(にびょう) 이 초
3秒(さんびょう) 삼 초　　4秒(よんびょう) 사 초
5秒(ごびょう) 오 초　　6秒(ろくびょう) 육 초
7秒(ななびょう) 칠 초　　8秒(はちびょう) 팔 초
9秒(きゅうびょう) 구 초　　10秒(じゅうびょう) 십 초
20秒(にじゅうびょう) 이십 초　　30秒(さんじゅうびょう) 삼십 초
40秒(よんじゅうびょう) 사십 초　　50秒(ごじゅうびょう) 오십 초
60秒(ろくじゅうびょう) 육십 초

➲ **いま何時(なんじ)ですか** : "지금 몇 시입니까?"의 뜻으로 정중하게 시간을 물을 때의 표현이다. 여기에서 「何時」는 "몇 시"의 의미이며, 친한 상대에게 몇 시인지 물을 때는 「いま何時(なんじ)?」(지금 몇 시니?)로 표현한다.

➲ **何時(なんじ)出発(しゅっぱつ)か分かりますか** : "몇 시 출발인지 아십니까?"로 해석된다. 여기에서 「出発」의 뒤에 붙은 「か」는 부조사로 의문의 말에 붙어 특정한 것에 한정할 수 없음을 나타낸다.

예) 何(なに)か飲(の)み物(もの)がほしい。뭔가 마실 것이 있었으면 싶다.

やきとり

남자주인공 버전 (A는20대 중반에서 30대 초반의 남자)	여자주인공 버전 (A는20대 중반에서 30대 초반의 여자)

1 실내에서 급히 낯선 사람이나 손윗사람에게 시간을 물을 때

A : あの、すみません。いま何時（なんじ）ですか？

　　저 죄송합니다만 지금 몇 시입니까?

B : 三時（さんじ）四十分（よんじゅっぷん）です。

　　세시 사십분입니다

A : あ、そうですか。ありがとうございます

　　아 그렇습니까? 감사합니다.

2 실내에서 친한 동년배에게 급히 시간을 물을 때

A : なあ、いま何時（なんじ）?

　　야! 지금 몇시냐?

B : 三時（さんじ）四十分（よんじゅっぷん）

　　세시 사십분

A : あ、そうか。分かった。サンキュー。

　　아 그래. 알았다. 고맙다.

① 실내에서 급히 낯선 사람이나 손윗사람에게 시간을 물을 때

A : あの、すみません。いま何時（なんじ）ですか？

　　저 죄송합니다만 지금 몇 시입니까?

B : 三時（さんじ）四十分（よんじゅっぷん）です。

　　세시 사십분이에요.

A : あ、そうですか。ありがとうございます。

　　아 그렇습니까? 감사합니다.

② 실내에서 친한 동년배에게 급히 시간을 물을 때

A : ねえ。いま何時（なんじ）。

　　예! 지금 몇시니?

B : 三時（さんじ）四十分（よんじゅっぷん）。

　　세시 사십분.

A : あ、そう。ありがとう。

　　아 그래. 고마워.

パンケーキ(洋菓子)

 **基本会話 3** 역에서 낯선 사람이나 손윗사람에게 전차 출발시간을 물을 때

한국어 역
A : 죄송합니다만, 이 전철 몇 시 출발인지 아십니까?
B : 아홉시 반입니다.
A : 아 그렇군요. 고맙습니다.

한국어 역
A : 죄송합니다만, 이 전철 몇 시 출발인지 아십니까?
B : 아홉시 반이에요.
A : 아 그렇군요. 고맙습니다.

남자주인공 버전	여자주인공 버전
(A는20대 중반에서 30대 초반의 남자)	(A는20대 중반에서 30대 초반의 여자)

1 역에서 낯선 사람이나 손윗사람에게 전차 출발시간을 물을 때

A：すみません。この電車(でんしゃ)は
何時(なんじ)出発(しゅっぱつ)か分
(わ)かりますか？

　　죄송합니다만, 이 전철 몇 시 출발인지 아십니까?

B：九時半(くじはん)です。

　　아홉시 반이에요.

A：あ、そうですか。どうもありがとうござ
います。

　　아 그렇습니까. 감사합니다.

2 역에서 친한 동년배에게 전차 출발시간을 물을 때

A：なあ。この電車(でんしゃ)、何時(な
んじ)出発(しゅっぱつ)？

　　야, 이 전철 몇 시에 출발하니?

B：九時半(くじはん)。

　　아홉시 반.

A：OK。分(わ)かった。

　　아 그래. 알았다.

---

① 역에서 낯선 사람이나 손윗사람에게 전차 출발시간을 물을 때

A：すみません。この電車(でんしゃ)は
何時(なんじ)出発(しゅっぱつ)か分
(わ)かりますか？

　　죄송합니다만, 이 전철 몇 시 출발인지 아십니까?

B：九時半(くじはん)ですよ。

　　아홉시 반이에요.

A：あ、そうですか。どうもありがとうござ
います。

　　아 그렇군요. 고맙습니다.

② 역에서 친한 동년배에게 전차 출발시간을 물을 때

A：ねえ。この電車(でんしゃ)、何時(な
んじ)出発(しゅっぱつ)？

　　얘! 이 전철 몇 시 출발이니?

B：九時半(くじはん)よ。

　　아홉시 반이야.

A：そうなんだ。ありがとう。

　　아 그렇구나. 고마워.

練りきり(和菓子)

말하기 연습

▌남자 버전 (A는 20대 중반에서 30대 초반)

1 처음 보는 어른에게 은행을 물을 때

A : すみません。近(ちか)くに(　　　　　　)はありますか？
　　실례지만 (장소명사1)이 어디에 있습니까?

B : (　　　　　　)ですか。あの(　　　　　　)の(　　　　　　)にあります。
　　(장소명사1)말씀이세요. 저 (장소명사2) (위치명사)에 있습니다.

A : あ、ありがとうございます。
　　아, 고맙습니다.

2 A가 중학교 남자학생 이하의 사람에게 은행을 물을 때

A : すみません。この近(ちか)くに(　　　　　　)はありますか？
　　미안하지만, 이 근처에 (장소명사1)은행이 있어요?

B : (　　　　　　)ですか。あの(　　　　　　)の(　　　　　　)にあります。
　　(장소명사1)말씀이세요. 저 (장소명사2) (위치명사)에 있습니다.

A : あ、ありがとう。
　　고마워요.

▌여자 버전 (A는 20대 중반에서 30대 초반)

① A가 소원한 동년배 B를 만났을 때

A : すみません。近(ちか)くに(　　　　　　)はありますか？
　　실례지만 (장소명사1)이 어디에 있습니까?

B : (　　　　　)ですか。あの(　　　　　)の(　　　　　)にあります。
　　(장소명사1)말씀이세요. 저 (장소명사2)(위치명사) 에 있습니다.

A : あ、ありがとうございます。
　　아, 고맙습니다.

② A가처음 보는 여자 중학생 이하의 사람에게 은행을 물을 때

A : すみません。この近(ちか)くに(　　　　　　)はありますか？
　　미안하지만, 이 근처에 (장소명사1)이 있어요?

B : (　　　　　　)ですか。あの(　　　　　　)の(　　　　　　)にあります。
　　(장소명사1)말씀이세요. 저 (장소명사2)(위치명사) 에 있어요.

A : あ、ありがとう。
　　아, 고마워요.

■ 남자 버전 (A는 20대 중반에서 30대 초반)

1 실내에서 급히 낯선 사람이나 손윗사람에게 시간을 물을 때

A：あの、すみません。いま何時(なんじ)ですか?
　　저 죄송합니다만　지금 몇 시입니까?

B：(　　　　　　　)です。
　　(시간)입니다.

A：あ、そうですか。ありがとうございます。
　　아 그렇습니까?　감사합니다.

2 실내에서 친한 동년배에게 급히 시간을 물을 때

A：なあ、いま何時(なんじ)?
　　야! 지금 몇시냐?

B：(　　　　　　　)。
　　(시간).

A：あ、そうか。分(わ)かった。サンキュー。
　　아 그래.　알았다.　고맙다.

■ 여자 버전 (A는 20대 중반에서 30대 초반)

① 실내에서 급히 낯선 사람이나 손윗사람에게 시간을 물을 때

A：あの、すみません。いま何時(なんじ)ですか?
　　저 실례지만 지금 몇 시에요.

B：(　　　　　　　)です。
　　(시간)인데요.

A：あ、そうですか。ありがとうございます。
　　아 그렇군요. 고맙습니다.

② 실내에서 친한 동년배에게 급히 시간을 물을 때

A：ねえ。いま何時(なんじ)?
　　얘! 지금 몇시니?

B：(　　　　　　　)。
　　(시간).

A：あ、そう。ありがとう。
　　아 그래. 고마워.

▮ 남자 버전 (A는 20대 중반에서 30대 초반)

1 역에서 낯선 사람이나 손윗사람에게 전차 출발시간을 물을 때

A：すみません。この（　　　　　　）は何時（なんじ）出発（しゅっぱつ）か分（わ）かりますか？
　　죄송합니다만, 이 (교통수단) 몇 시 출발인지 아십니까?

B：（　　　　　　　）です。
　　(시간)(이)에요.

A：あ、そうですか。どうもありがとうございます。
　　아 그렇습니까. 감사합니다.

2 역에서 친한 동년배에게 전차 출발시간을 물을 때

A：なあ。この（　　　　　　）、何時（なんじ）出発（しゅっぱつ）？
　　야, 이 (교통수단) 몇 시에 출발하니?

B：（　　　　　　）。
　　(시간).

A：OK。分（わ）かった。
　　아 그래. 알았다.

▮ 여자 버전 (A는 20대 중반에서 30대 초반)

① 역에서 낯선 사람이나 손윗사람에게 전차 출발시간을 물을 때

A：すみません。この（　　　　　　）は何時（なんじ）出発（しゅっぱつ）か分かりますか？
　　죄송합니다만, 이 (교통수단) 몇 시 출발인지 아십니까?

B：（　　　　　　）ですよ。
　　(시간).

A：あ、そうですか。どうもありがとうございます。
　　아 그렇군요. 고맙습니다.

② 역에서 친한 동년배에게 전차 출발시간을 물을 때

A：ねえ。この（　　　　　　）、何時（なんじ）出発（しゅっぱつ）？
　　예! 이 (교통수단) 몇 시 출발이니?

B：（　　　　　　）よ。
　　(시간)(이)야.

A：そうなんだ。ありがとう。
　　아 그렇구나. 고마워.

방언으로 듣는 모모타로우

ズート　ミャーニ　アルトコデ　ジージート　バーバーンデ
옛날　　옛날　　어떤 곳에　할아버지와　할머니가 있었습니다.

ジージーハ　ヤミャー　マキョートレ　バーバーハ　カウァー　アリャーモンニイッタ
할아버지는　　산에　　나무하러　할머니는　　개울에　　빨래를 하러 갔습니다.

バーバーン　アラッテルト　　カワノウエノホウカラ　イキャームモモン
할머니가　　빨래를 하고 있는데　냇가 윗쪽에서　　　　커다란 복숭아가

プカンプカンナガレテキタ
둥실 둥실 떠내려 왔습니다.

バーバーハ　ソノモモヲ　ヒロッテ　ウチヘ　キャーッタ
할머니는　　그 복숭아를　주워서　　집으로　돌아왔습니다.

バーバーン　モモヲ　キラウトオモウト　モモン　フタツニワレチャッテ
할머니가　　복숭아를 자르려고 하자　　복숭아가 두 개로 갈라져

ナカカラ　イキャー　オトコノコガ　ウマレタ
안에서　　커다란　　남자아이가　　태어났습니다.

ジージート　バーバーハ　ソノアギャ　モモタロウッテイウ　ナミャーヲツケタ
할아버지와　할머니는　　그 아이에게　모모타로우라고 하는　이름을 붙였습니다.

▎静岡県(しずおかけん)静岡市(しずおかし) 방언의 특색

- ジージー おじいさん 할아버지.

- バーバー おばあさん 할머니.

- イキャー 大きい 큰(「イカイ」의 변화).

- 「ミャー」(前 앞), 「ヤミャー」(山へ 산으로), 「アリャーモン」(洗いもの＝洗濯 세탁)과 같이 ai 나 ae의 음이 융합되어 拗音化됨.

- 「バーバーン」(おばあさんが 할머니가), 「モモン」(桃が 복숭아가)와 같이 조사 「が」가 「ン」이 됨.

佐藤亮一(さとうりょういち)監修(2002)『方言の地図帳』小学館より

MEMO

第7課

대비표현과 비교표현

[학습내용]

- □ 손윗사람에 대한 대비표현
- □ 아는 동년배 사이의 대비표현
- □ 손윗사람에 대한 비교표현
- □ 아는 동년배 사이의 비교표현

向付：刺身

새로운 단어

☐ 店(みせ)	가게	☐ 暖か(あたたか)い	따뜻하다
☐ どうですか	어떻습니까?	☐ 涼(すず)しい	시원하다
☐ でも	하지만	☐ 難(むずか)しい	어렵다
☐ ～かな	-일까(종조사 가벼운 의문)	☐ 易(やさ)しい	쉽다
☐ ～かしら	-일까(종조사 주로 여성이 씀)	☐ 優(やさ)しい	친절하다
☐ 飲(の)み物(もの)	마실 것	☐ 厚(あつ)い	두껍다
☐ コーヒー	커피	☐ 薄(うす)い	얇다
☐ コーラ	콜라	☐ 重(おも)い	무겁다
☐ ジュース	주스	☐ 軽(かる)い	가볍다
☐ ヨーグルト	요구르트	☐ 新(あたら)しい	새롭다
☐ 紅茶(こうちゃ)	홍차	☐ 古(ふる)い	오래되다
☐ 牛乳(ぎゅうにゅう)	우유	☐ 大(おお)きい	크다
☐ オーダー	주문	☐ 小(ちい)さい	작다
☐ よろしい	좋다	☐ 音楽(おんがく)	음악
☐ ～が	-만	☐ ジャズ	재즈
☐ ～より	-보다	☐ クラシック	클래식
☐ ～けど	-데	☐ 歌謡曲(かようきょく)	가요
☐ 了解(りょうかい)	알았다. 알았어.	☐ 演歌(えんか)	엔카
☐ 強(つよ)い	강하다		(한국의 트로트 리듬과 비슷함)
☐ 弱(よわ)い	약하다	☐ ポップス	팝송
☐ 明(あか)るい	밝다	☐ ～の中(なか)で	-중에
☐ 暗(くら)い	어둡다	☐ 一番(いちばん)	가장
☐ 高(たか)い	비싸다	☐ すてきだ	멋있다. 훌륭하다.
☐ 安(やす)い	싸다	☐ 好(す)きだ	좋아하다
☐ おいしい	맛있다	☐ 嫌(きら)いだ	싫어하다
☐ まずい	맛없다	☐ 上手(じょうず)だ	잘하다, 능숙하다
☐ 暑(あつ)い	덥다	☐ 下手(へた)だ	못하다, 서투르다
☐ 寒(さむ)い	춥다		

あそこの店(みせ)はどうですか？おいしいですよ。
でも、すこし 高(たか)いです。

そうか・・・すこし 安(やす)い店(みせ)はないかな。

あ、わかりました。

한국어 역
A : 저 가게는 어떠세요? 맛있습니다. 그런데 조금 비쌉니다.
B : 그래. 조금 더 싼 가게는 없을까?
A : 아, 알겠습니다.

あそこの店(みせ)はどうですか？おいしいですよ。
でも、すこし 高(たか)いです。

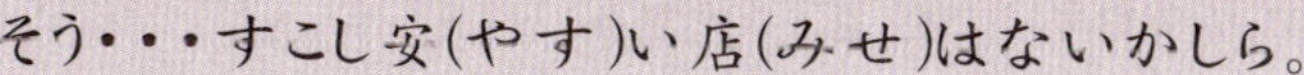

そう・・・すこし 安(やす)い店(みせ)はないかしら。

あ、わかりました。

한국어 역
A : 저 가게는 어떠세요? 맛있어요. 그런데 조금 비싸요.
B : 그래. 조금 더 싼 가게는 없을까?
A : 예, 알겠어요.

포인트 체크

➲ い형용사의 활용

기본형(사전형) 高(たか)い 비싸다

	현재 보통표현		현재 정중표현	
부정형	たかくない	비싸지 않다	たかくないです/たかくありません 비싸지 않습니다	
연체형	たかい本(ほん)	비싼 책		
종지형	たかい	비싸다	たかいです	비쌉니다
가정형	たかければ	비싸면		

➲ 명사1+が+好(す)きだ ： 명사1+을/를 좋아한다

「好(す)きだ 좋아하다」, 「嫌(きら)いだ 싫어하다」, 「上手(じょうず)だ 잘하다, 능숙하다」, 「下手(へた)だ 못하다, 서투르다」와 같은 단어 앞에서 한국어는 목적격조사[을/를]을 취하지만 일본어를 좋아하는 대상을 나타내는 조사 「が」를 사용한다.

예) ジャズが好(す)きだ。 재즈를 좋아한다.

数学(すうがく)が嫌(きら)いだ。 수학을 싫어한다.

➲ ～かな ： 의문 또는 반어의 종조사か에 감동 또는 강조의 종조사な가 붙은 구조로 가벼운 의문을 나타낸다. "-일까" 또는 "-가"로 해석된다.

예) そうかな。 그럴까.

そんなことあったのかな。 그런 일도 있었던가.

➲ ～かしら ： 부정어 뒤에 붙어서 완곡한 부탁 희망을 나타낸다. "-었으면(싶은데)" 로 해석된다.

예) だれかやってくれないかしら。 누군가 해주었으면 싶은데.

バリエーション 1

いろいろなバリエーションで練習しよう

남자주인공 버전
(A는 20대 중반에서 30대 초반의 남자)

1 아는 손윗사람 남자에게 맛있게 하는 음식점을 소개할 때

A：あそこの店(みせ)はどうですか？おいしいですよ。でも、すこし高(たか)いです。

저 가게는 어떠세요? 맛있습니다. 그런데 조금 비쌉니다.

B：そうか・・・すこし安(やす)い店(みせ)はないかな。

그래. 조금 더 싼 가게는 없을까?

A：あ、わかりました。

아, 알겠습니다.

---

2 아는 동년배 남자에게 맛있게 하는 음식점을 소개할 때

A：あの店(みせ)、おいしいよね。けど、高(たか)いよな。

저 가게 맛있게 해. 그런데 비싸지.

B：そうだね。でも、あの店(みせ)、好(す)きだな。

그렇지. 그래도 저 가게, 난 좋아.

A：僕(ぼく)も。

나도.

여자주인공 버전
(A는 20대 중반에서 30대 초반의 여자)

① 아는 손윗사람 여자에게 맛있게 하는 음식점을 소개할 때

A：あそこの店(みせ)はどうですか？おいしいですよ。でも、すこし高(たか)いです。

저 가게는 어떠세요? 맛있어요. 그런데 조금 비싸요.

B：そう・・・すこし安(やす)い店(みせ)はないかしら。

그래. 조금 더 싼 가게는 없을까?

A：あ、わかりました。

예, 알겠어요.

---

② 아는 동년배 여자에게 맛있게 하는 음식점을 소개할 때

A：あの店(みせ)、おいしいよね。高(たか)いけど

저 가게, 맛 있지 않니. 비싸지만 말이야.

B：そうそう。でも、好(す)き。

그래. 그래도 좋아.

A：私(わたし)も…。

나도.

御膳(高級定食)

KY式 日本語

[JK]＝Joshi Kousei(女子高生)

① 여고생

うちらJKの間で流行のアイテム。

우리 여고생 사이에서 유행하는 아이템.

남자가 사용할 경우에는 단순히 여고생을 말할 뿐만이 아니라 어느 정도 관심이 있다는 뉴앙스를 가진다.

あのJK、超可愛(덧말:)くね?

저 여고생, 꽤 예쁘지 않나?

② (사회적 신분으로서의)여고생

A : 昼間(ひるま)は何やってるの?

낮에는 뭐 하니?

B : 別に。うちら普通にJKだけど。

특별히 하는 거 없어. 우린 보통 여고생인데요.

北原保雄編著(2008)『KY式日本語』大修館書店より

基本会話 2

한국어 역
A : 마실 것은, 뭘로 하시겠습니까? 커피하고 홍차가 있습니다만.
　　이 가게는 커피보다 홍차가 맛있습니다.
B : 그럼, 홍차로 하지.
A : 예, 그럼, 제가 주문하고 오겠습니다.

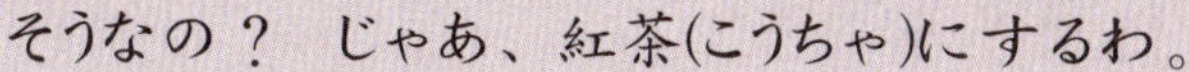

한국어 역
A : 마실 것은, 뭘로 하시겠어요? 커피하고 홍차가 있는데요.
　　이 가게는 커피보다 홍차가 맛있어요.
B : 그래, 그럼, 홍차로 할게..
A : 예, 그럼, 주문하고 올게요

➡ 정중한 비교표현

(1) 명사1+は 명사2+より 명사3のほうが～ です。

 : 명사1은/는 명사2+보다 명사3 쪽이/가 ～ ㅂ/습니다(아/어요).

 예) 僕(ぼく)はコーヒーより紅茶(こうちゃ)のほうがいいです。

   나는 커피보다 홍차 쪽이 좋습니다.

(2) 명사1+は 명사2+と同(おな)じぐらい～です。

 : 명사1+은/는 명사2+와/과 마찬가지로 ～ㅂ/습니다(아/어요).

 예) 日本(にほん)は韓国(かんこく)と同(おな)じぐらい強(つよ)いです。

   일본은 한국과 마찬가지로 강합니다.

(3) 명사1+の中で 명사2が+いちばん～です。

 : 명사1+중에서 명사2가/이 가장 ～ㅂ/습니다(아/어요).

 예) 音楽(おんがく)の中(なか)でジャズがいちばん好(す)きです。

   음악 중에서는 재즈를 가장 좋아합니다.

➡ 보통의 비교표현

(1) 명사1+は 명사2+より 명사3のほうが～

 : 명사1은/는 명사2+보다 명사3 쪽이/가 ～다

 예) 僕(ぼく)はコーヒーより紅茶(こうちゃ)のほうがいい。

   나는 커피보다 홍차 쪽이 좋아.

(2) 명사1+は 명사2+と同(おな)じぐらい～

 : 명사1+은/는 명사2+와/과 마찬가지로 ～다

 예) 日本(にほん)は韓国(かんこく)と同(おな)じぐらい強(つよ)い。

   일본은 한국과 마찬가지로 강하다.

(3) 명사1+の中で 명사2が+いちばん～

 : 명사1+중에서 명사2가/이 가장 ～다

 예) 音楽(おんがく)の中(なか)でジャズがいちばん好(す)きだ。

   음악 중에서는 재즈를 가장 좋아한다.

남자주인공 버전
(A는 20대 중반에서 30대 초반의 남자)

1 찻집에서 아는 손윗사람 남자에게 마실 것을 권할 때

A：お飲(の)み物(もの)は、何(なに)になさいますか？コーヒーと紅茶(こうちゃ)がありますが。この店(みせ)は、コーヒーより紅茶(こうちゃ)のほうがおいしいですよ。

마실 것은, 뭘로 하시겠습니까? 커피하고 홍차가 있습니다만. 이 가게는 커피보다 홍차가 맛있습니다.

B：じゃあ、紅茶(こうちゃ)で。

그럼, 홍차로 하지.

A：はい、じゃ、僕(ぼく)オーダーしてきます。

예, 그럼, 제가 주문하고 오겠습니다.

2 찻집에서 아는 동년배 남자에게 마실 것을 권할 때

A：飲(の)み物(もの)、何(なに)にする？コーヒーと紅茶(こうちゃ)があるけど。この店(みせ)、コーヒーより紅茶(こうちゃ)のほうがおいしいよ。

마실 것, 뭘로 할래? 커피하고 홍차가 있는데. 이 가게는 커피보다 홍차가 맛있어.

B：そうなんだ。じゃ、紅茶(こうちゃ)にする。

그래. 그럼 홍차로 할게.

A：了解(りょうかい)。

알았어.

여자주인공 버전
(A는 20대 중반에서 30대 초반의 여자)

① 찻집에서 아는 손윗사람 여자에게 마실 것을 권할 때

A：お飲(の)み物(もの)は、何(なに)になさいますか？コーヒーと紅茶(こうちゃ)がありますが。この店(みせ)は、コーヒーより紅茶(こうちゃ)のほうがおいしいですよ。

마실 것은, 뭘로 하시겠어요? 커피하고 홍차가 있는데요. 이 가게는 커피보다 홍차가 맛있어요.

B：そうなの？　じゃあ、紅茶(こうちゃ)にするわ。

그래, 그럼, 홍차로 할게.

A：はい、じゃ、オーダーしてきます。

예, 그럼, 주문하고 올게요.

② 찻집에서 아는 동년배 여자에게 마실 것을 권할 때

A：飲(の)み物(もの)、何(なに)にする？コーヒーと紅茶(こうちゃ)があるけど。この店(みせ)、コーヒーより紅茶(こうちゃ)のほうがおいしいよ。

마실 것, 뭘로 할래? 커피하고 홍차가 있는데. 이 가게는 커피보다 홍차가 맛있어.

B：そうなんだ。じゃ、紅茶(こうちゃ)にする。

그래. 그럼 홍차로 할게.

A：了解(りょうかい)。

알았어.

▌남자 버전 (A는 20대 중반에서 30대 초반)

1 아는 손윗사람 남자에게 맛있게 하는 음식점을 소개할 때

A：あそこの店(みせ)はどうですか？ おいしいですよ。でも、すこし高(たか)いです。
　　저 가게는 어떠세요? 맛있습니다. 그런데 조금 비쌉니다.

B：そうか・・・すこし安(やす)い店(みせ)はないかな。
　　그래. 조금 더 싼 가게는 없을까?

A：あ、わかりました。
　　아, 알겠습니다.

2 아는 동년배 남자에게 맛있게 하는 음식점을 소개할 때

A：あの店(みせ)、おいしいよね。けど、高(たか)いよな。
　　저 가게 맛있게 해. 그런데 비싸지.

B：そうだね。でも、あの店(みせ)、好(す)きだな。
　　그렇지. 그래도 저 가게, 난 좋아.

A：僕(ぼく)も。
　　나도.

▌여자 버전 (A는 20대 중반에서 30대 초반)

① 아는 손윗사람 여자에게 맛있게 하는 음식점을 소개할 때

A：あそこの店(みせ)はどうですか？ おいしいですよ。でも、すこし高(たか)いです。
　　저 가게는 어떠세요? 맛있어요. 그런데 조금 비싸요.

B：そう・・・すこし安(やす)い店(みせ)はないかしら。
　　그래. 조금 더 싼 가게는 없을까?

A：あ、わかりました。
　　예, 알겠어요

② 아는 동년배 여자에게 맛있게 하는 음식점을 소개할 때

A：あの店(みせ)、おいしいよね。高(たか)いけど
　　저 가게, 맛 있지 않니. 비싸지만 말이야.

B：そうそう。でも、好(す)き。
　　그래. 그래도 좋아.

A：私(わたし)も…。
　　나도.

말하기 연습

▌남자 버전 (A는 20대 중반에서 30대 초반)

1 찻집에서 아는 손윗사람 남자에게 마실 것을 권할 때

A：お飲(の)み物(もの)は、何(なに)になさいますか？ (　　　)と(　　　)がありますが。

　　마실 것은, 뭘로 하시겠습니까? (명사1)하고 (명사2)가 있습니다만.

　　この店(みせ)は、(　　　)より(　　　　)のほうがおいしいですよ。

　　이 가게는 (명사1)보다 (명사2)가 맛있습니다.

B：じゃあ、(　　　)で。

　　그럼, (명사2)로 하지.

A：はい、じゃ、僕(ぼく)オーダーしてきます。

　　예, 그럼, 제가 주문하고 오겠습니다.

2 찻집에서 아는 동년배 남자에게 마실 것을 권할 때

A：飲(の)み物(もの)、何(なに)にする？ (　　　　)と(　　　　)があるけど。

　　마실 것, 뭘로 할래? (명사1)하고 (명사2)가 있는데.

　　この店(みせ)、(　　　　)より(　　　　)のほうがおいしいよ。

　　이 가게는 (명사1)보다 (명사2)가 맛있어.

B：そうなんだ。じゃ、(　　　　)にする。

　　그래. 그럼 (명사2)로 할게.

A：了解(りょうかい)。

　　알았어.

① 집에서 아는 손윗사람 여자에게 마실 것을 권할 때

A：お飲(の)み物(もの)は、何(なに)になさいますか？（　　　）と（　　　）がありますが。
　　마실 것은 뭘로 하시겠어요? (명사1)하고 (명사2)가 있는데요.

　　この店(みせ)は、コーヒーより紅茶(こうちゃ)のほうがおいしいですよ。
　　이 가게는 (명사1)보다 (명사2)가 맛있어요.

B：そうなの？　じゃあ、（　　　）にするわ。
　　그래, 그럼, (명사2)로 할게.

A：はい、じゃ、オーダーしてきます。
　　예, 그럼, 주문하고 올게요.

② 집에서 아는 동년배 여자에게 마실 것을 권할 때

A：飲(の)み物(もの)、何(なに)にする？（　　　）と（　　　）があるけど。
　　마실 것, 뭘로 할래? (명사1)하고 (명사2)가 있는데.

　　この店(みせ)、（　　　）より（　　　）のほうがおいしいよ。
　　이 가게는 (명사1)보다 (명사2)가 맛있어.

B：そうなんだ。じゃ、（　　　）にする。
　　그래. 그럼 (명사2)홍차로 할게.

A：了解(りょうかい)。
　　알았어.

家庭料理

방언으로 듣는 모모타로우

ǀ 愛知県(あいちけん)名古屋市(なごやし) 화자의 모모타로우 

ムカシムカシ　アルトコロニ　オジイサント　オバアサンガ　ゴザッテ
옛날 옛날　　어떤 곳에　　할아버지와　　할머니가　　　있었습니다.

オジイサンハ　ミャーニチ　ヤミャーシバカリニ　イカシタ
할아버지는　　　　　　　　산에 나무하러
オバアサンハ　カウァー　センタクニ　イカシカゲナ
할머니는　　　개울에　　빨래를 하러　갔습니다.

アルヒ　オバアサンガ　カワデ　センタクヲシテゴザルト　カワカミカラ　オオキナモモガ
할머니가　　　　　　　　　　빨래를 하고 있는데　　　냇가 윗쪽에서　커다란 복숭아가

ドンブリコ　ドンブリコト　ナガレテキテ　　オバアサンハ　ソノモモヲ
둥실 둥실　　　　　　떠내려 왔습니다.　할머니는　　　그　복숭아를

チャットー　ヒロッテ　ウチヘ　キャラシタゲナ
주워서　　　　　　집으로　돌아왔습니다.

オバアサンガ　ウチデ　モモヲ　キロウトスルト　モモガ　ポカント　フタツニワレテ
할머니가　　　　　　복숭아를 자르려고 하자　복숭아가　　　　두 개로 갈라져

ナカカラ　オオキナ　オトコノコガ　ウマレタゲナ
안에서　　커다란　　남자아이가　　태어났습니다.

オジイサント　オバアサンハ　オオヨロコビデ　ソノコニ　サッソク
할아버지와　　할머니는　　　　　　　　　그 아이에게
モモタロウトイウナヲ　ツケサシタゲナ
모모타로우라고 하는　　이름을 붙였습니다.

- ゴザッテ いらっしゃって。계셔서. ゴザル는 「いる」(있다)의 존경어.

- イカシタ 行かれた。가셨다. シ는 「〜なさる」"하시다"의 뜻으로 「しゃる」에서 나옴.

- チャットー 素早く。빨리.

- ツケサシタゲナ 付けられたそうだ。붙이셨다고 한다. サシ는 「〜なさる」"하시다"의 뜻으로 「きっしゃる」로부터 나옴.

- 「イカシタゲナ」「ウマレタゲナ」와 같이 「〜(だ)そうだ」"〜다고 한다"는 의미의 ゲナ를 사용함.

- 静岡市(しずおかし)와 같이 「ミャーニチ」(毎日 매일), 「キャーラシタ」(帰られた 돌아오셨다)등, ai 나 ae의 음이 요음화됨. 名古屋市(なごやし)를 중심으로 하는 지역방언의 큰 특징의 하나.

佐藤亮一(さとうりょういち)監修(2002)『方言の地図帳』小学館より

第8課

부탁표현과 요구표현

[학습내용]

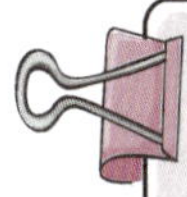

- 아는 손윗사람에게 하는 부탁표현
- 친한 동년배에게 하는 부탁표현
- 아는 손윗사람에게 하는 요구표현
- 친한 동년배에게 하는 요구표현

八寸：肉・野菜のもりあわせ
はっすん　にく　やさい

새로운 단어

☐ 次(つぎ)	다음
☐ 親睦会(しんぼくかい)	친목회
☐ 同窓会(どうそうかい)	동창회
☐ 新年会(しんねんかい)	신년회
☐ 忘年会(ぼうねんかい)	망년회
☐ 乾杯(かんぱい)の音頭(おんど)	건배 제의
☐ ～たいのですが	-고 싶습니다만
☐ 司会(しかい)	사회
☐ 幹事(かんじ)	간사
☐ 頑張(がんば)る	노력하다. 열심히 하다
☐ 助(たす)かる	도움이 되다. 힘이 되다
☐ 大変(たいへん)	꽤, 너무
☐ 申(もう)し訳(わけ)ありませんが	
	죄송합니다만(すみませんが의 정중한 말)
☐ レポート	리포트
☐ 文章(ぶんしょう)	문장
☐ 感想文(かんそうぶん)	감상문
☐ 作文(さくぶん)	작문
☐ チェックする	체크하다
☐ ～ていただけませんか	
	-아/어 주시겠습니까
☐ どれどれ	어느 것
☐ わるいけど	미안하지만
☐ ～てもらえるかな	-아/어 줄 수 있니?
☐ 何(なに)	뭐
☐ ～てもらえない	-아/어 줄 수 없니?
☐ 会費(かいひ)	회비
☐ 集金(しゅうきん)	수금
☐ 伺(うかが)う	오다의 겸양표현
☐ ご苦労(くろう)さん	수고가 많다.
	(손윗사람이 주로 씀)
☐ いくら	얼마

☐ お疲(つか)れさん	수고가 많다.
☐ 仕事(しごと)	일
☐ もらえる	받을 수 있다
☐ 先程(さきほど)	조금 전
☐ 話(はなし)	이야기
☐ もう少(すこ)し	조금 더
☐ 詳(くわ)しく	자세하게
☐ 教(おし)える	가르치다
☐ ～ていただけませんか	
	-해 주실 수 없으신지요?
☐ 分野(ぶんや)	분야
☐ ～には	～에는
☐ 関心(かんしん)	관심
☐ さっき	아까
☐ もう一回(いっかい)	한번 더
☐ 説明(せつめい)する	설명하다
☐ ～てくれよ	-아/어 주라
☐ 悪(わる)いな	미안하다
☐ 急(きゅう)に	갑자기
☐ お客(きゃく)さん	손님
☐ 大事(だいじ)だ	중요하다
☐ ～そびれる	(-할)기회를 놓치다.
	～하려다가 못 하다
☐ ごめん	미안
☐ 面白(おもしろ)い	재미있다
☐ 日本語(にほんご)	일본어
☐ 韓国語(かんこくご)	한국어
☐ 中国語(ちゅうごくご)	중국어
☐ 英語(えいご)	영어
☐ フランス語(ご)	프랑스어
☐ ドイツ語(ご)	독일어

基本会話 1

先生(せんせい)。すみませんが、つぎの親睦会(しんぼくかい)で、乾杯(かんぱい)の音頭(おんど)をお願(ねが)いしたいのですが。

乾杯(かんぱい)の音頭(おんど)か。分(わ)かった。

ありがとうございます。よろしくお願(ねが)いします。

한국어 역　A : 선생님. 실례합니다만 다음 친목회의 건배 제의를 부탁드리고 싶습니다만.
　　　　　B : 건배 제의라. 알았다
　　　　　A : 고맙습니다. 잘 부탁 드립니다.

先生(せんせい)。すみませんが、つぎの親睦会(しんぼくかい)で、乾杯(かんぱい)の音頭(おんど)をお願(ねが)いしたいのですが。

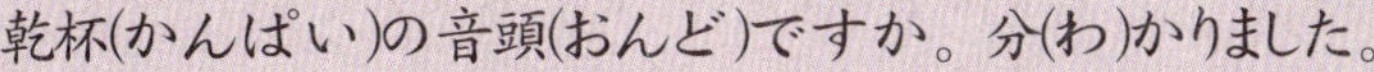

乾杯(かんぱい)の音頭(おんど)ですか。分(わ)かりました。

ありがとうございます。よろしくお願(ねが)いします。

한국어 역　A : 선생님. 실례합니다만 다음 친목회의 건배 제의를 부탁드리고 싶습니다만.
　　　　　B : 건배 제의. 알았어요.
　　　　　A : 고맙습니다. 잘 부탁 드립니다.

# 포인트 체크

➜ 동사의 종류

(1) 규칙동사

    - RU동사 :기본형이 [-る]로 끝나고 [-る]앞에 /i/나 /e/음이 오는 것은 [RU동사]이다.

      예) 起(お)きる 일어나다.　　食(た)べる 먹다.

    * 예외(동사 기본형이 る로 끝이 나고 바로 앞이 い段이나 え段으로 끝나나 う동사인 것)

      +入(はい)る 들어가다　走(はし)る 달리다　切(き)る 자르다　知(し)る 알다　散(ち)る 지다

      +帰(かえ)る 돌아가다　蹴(け)る 차다　競(せ)る 경매하다　照(て)る 비치다　練(ね)る

      반죽하다　減(へ)る 줄다　湿(しめ)る 촉촉해지다

    - U동사 :[RU동사] 이외의 동사이다.

      예) 書(か)く 쓰다.　　乗(の)る 타다.

(2) 불규칙동사

    - する 하다.

    - 来(く)る 오다.

➜ 동사의 활용

- 用言이나 助動詞의 어미를 변화시키는 것을 활용이라고 한다.
- 「ます形」(연용형, -ㅂ/습니다)

    +일본어의 정중한 긍정표현 [-ㅂ/습니다], [-ㄹ/을 것입니다], [-겠습니다]를 만들 때는 동사의 기본형을 연용형으로 바꾼 상태에 助動詞「ます」를 붙여서 만든다.

1) U동사

    - 동사의 기본형인 う段을 い段으로 바꾸고 뒤에 「ます」를 붙인다.

      買(か)う　　→　買(か)い+ます ＝ 買(か)います 삽니다

      売(う)る　　→　売(う)り+ます ＝ 売(う)ります 팝니다

      帰(かえ)る　→　帰(かえ)り+ます＝ 帰(かえ)ります 돌아갑니다

2) RU동사

    - 동사의 기본형인 る를 떼어내고 뒤에 「ます」를 붙인다.

      起(お)きる　→　起(お)き+ます ＝ 起(お)きます 일어납니다

      食(た)べる　→　食(た)べ+ます ＝ 食(た)べます 먹습니다

3) 불규칙 동사

- 「する」에서 る를 떼고 「す」를 「し」로 고친 뒤에 「ます」를 붙인다.

　　する　　→ し+ます ＝ します 합니다

- 「来(く)る」에서 る를 떼고 「く」를 「き」로 고친 뒤에 「ます」를 붙인다.

　　来(く)る　→ 来(き)+ます ＝ 来(き)ます 옵니다

➲ 「て形」(연용형, -고, -아/어)

- 일본어 동사를 연결하여 [-고, -아/어]를 표현할 때는 일본어 동사 연용형에 「て」를 연결한다.
- 일본어 동사에 「て」를 연결할 때, [U동사]에 한해서 음편(音便)이라는 현상이 일어난다. 이 현상은 과거표현「た形」(연용형, -았/었다), 열거표현「たり形」(연용형, -거나)이 연결될 때도 일어남. 단, 어미가 「す」로 끝나는 [U동사]는 음편현상이 일어나지 않는다.

1) U동사

- 어미가 「く・ぐ」로 끝나는 동사: 「いて・いで」(イ音便)

　　書(か)く 쓰다 → 書(か)いて 쓰고

　　泳(およ)ぐ 헤엄치다 → 泳(およ)いで 헤엄치고

　　＊ 行(い)く 가다 → 行(い)って 가고

- 어미가 「う・つ・る」로 끝나는 동사: 「って」(促音便)

　　買(か)う 사다 → 買(か)って 사고

　　立(た)つ 서다 → 立(た)って 서고

　　乗(の)る 타다 → 乗(の)って 타고

- 어미가 「む・ぶ・ぬ」로 끝나는 동사: 「んで」(撥音便)

　　飲(の)む 마시다 → 飲(の)んで 마시고

　　呼(よ)ぶ 부르다 → 呼(よ)んで 부르고

　　死(し)ぬ 죽다 → 死(し)んで 죽고

- 어미가 「す」로 끝나는 동사: 「して」

　　話(はな)す 말하다 → 話(はな)して 말하고

2) RU동사

- 起(お)きる 일어나다 → 起(お)きて 일어나고
- 食(た)べる 먹다 → 食(た)べて 먹고

3) 불규칙 동사

- する 하다 → して 하고
- 来(く)る 오다 → 来(き)て 오고

バリエーション 1

いろいろなバリエーションで練習しよう

남자주인공 버전
(A는20대 중반에서 30대 초반의 남자)

A： 先生(せんせい)。すみませんが、つ
ぎの親睦会(しんぼくかい)で、乾杯
(かんぱい)の音頭(おんど)をお願(ね
が)いしたいのですが。

선생님. 실례합니다만 다음 친목회의 건배 제의
를 부탁드리고 싶습니다만.

B： 乾杯(かんぱい)の音頭(おんど)
か。分(わ)かった。

건배 제의라. 알았다.

A： ありがとうございます。よろしく
お願(ねが)いします。

고맙습니다. 잘 부탁 드립니다.

A： つぎの親睦会(しんぼくかい)の司会
(しかい)、やってくんない？

다음 친목회 사회, 안 해 줄래？

B： 司会(しかい)か。OK。がんばるよ。

사회! 알았다. 열심히 해 볼게.

A： ありがとう。助(たす)かるよ。

고맙다. 정말 힘이 된다.

여자주인공 버전
(A는20대 중반에서 30대 초반의 여자)

A： 先生(せんせい)。すみませんが、つ
ぎの親睦会(しんぼくかい)で、乾杯
(かんぱい)の音頭(おんど)をお願(ね
が)いしたいのですが。

선생님. 실례합니다만 다음 친목회의 건배 제의
를 부탁드리고 싶습니다만.

B： 乾杯(かんぱい)の音頭(おんど)です
か。分(わ)かりました。

건배 제의요. 알았어요.

A： ありがとうございます。よろしく
お願(ねが)いします。

고맙습니다. 잘 부탁 드립니다.

A： つぎの親睦会(しんぼくかい)の司会
(しかい)、お願(ねが)い。

다음 친목회 사회, 좀 부탁해.

B： 司会(しかい)。分(わ)かった。

사회! 알았어.

A： ありがとう。助(たす)かるわ。

고마워. 너밖에 없어

 ## 基本会話 2　　부탁표현Ⅱ

先生(せんせい)。たいへん 申(もう)し 訳(わけ)ありませんが、このレポートをチェックしていただけませんか?

どれどれ。ああ、日本語(にほんご)のレポートだね。うん、分(わ)かったよ。

ありがとうございます。どうぞよろしくお願(ねが)いします。

한국어 역　A : 선생님. 정말 죄송합니다만 이 레포트 좀 체크해 주시겠습니까?
　　　　　　B : 뭔데. 아아 일본어 레포트구나. 응, 알았다.
　　　　　　A : 고맙습니다. 잘 부탁드립니다.

先生(せんせい)。たいへん 申(もう)し 訳(わけ)ありませんが、このレポートをチェックしていただけませんか?

なにかしら。ああ、日本語(にほんご)のレポートね。ええ、いいですよ。

ありがとうございます。どうぞよろしくお願(ねが)いします。

한국어 역　A : 선생님. 정말 죄송합니다만 이 레포트 좀 체크해 주시겠습니까?
　　　　　　B : 뭐지. 아아 일본어 레포트. 응 알았어요.
　　　　　　A : 고맙습니다. 잘 부탁드립니다.

포인트 체크

➡ **부탁표현**

- 명사+を+お願(ねが)いしたいのですが (명사+을/를 부탁드리고 싶습니다만)

  예) 乾杯(かんぱい)の音頭(おんど)をお願(ねが)いしたいのですが。

  건배 제의 부탁 드리고 싶습니다만.

- 명사+お願(ねが)い (명사+부탁해)

  예) 司会(しかい)、お願(ねが)い。 사회 부탁해.

- 동사+ていただけませんか(동사+아/어 주시겠습니까?)

  예) チェックしていただけませんか。 체크해 주시겠습니까?

- 동사+てもらえる(동사+아/어 줄래)/ 동사+てもらえない(동사+아/어 주지 않을래)

  예) チェックしてもらえる。 체크해 줄래.

  チェックしてもらえない。 체크해 주지 않을래.

家庭料理

バリエーション２　いろいろなバリエーションで練習しよう

<table>
<tr>
<td>

남자주인공 버전
(A는20대 중반에서 30대 초반의 남자)

</td>
<td>

여자주인공 버전
(A는20대 중반에서 30대 초반의 여자)

</td>
</tr>
</table>

1 아는 손윗 사람에게 일본어를 체크해 달라고 부탁할 때

A：先生(せんせい)。たいへん申(もう)し
訳(わけ)ありませんが、このレポート
をチェックしていただけませんか？

선생님. 정말 죄송합니다만 이 레포트 좀 체크해
주시겠습니까?

B：どれどれ。ああ、日本語(にほんご)
のレポートだね。うん、分(わ)かった
よ。

원데. 아아 일본어 레포트구나. 응, 알았다.

A：ありがとうございます。どうぞよろしくお
願(ねが)いします。

고맙습니다. 잘 부탁드립니다.

① 아는 손윗 사람에게 일본어를 체크해 달라고 부탁할 때

A：先生(せんせい)。たいへん申(もう)し
訳(わけ)ありませんが、このレポート
をチェックしていただけませんか？

선생님. 정말 죄송합니다만 이 레포트 좀 체크해
주시겠습니까?

B：なにかしら。ああ、日本語(にほんご)のレ
ポートね。ええ、いいですよ。

뭐지. 아아 일본어 레포트. 응 알았어요.

A：ありがとうございます。どうぞよろしくお
願(ねが)いします。

고맙습니다. 잘 부탁드립니다.

2 친한 동년배에게 일본어를 체크해 달라고 부탁할 때

A：わるいけど、このレポート、ちょっと
チェックしてもらえるかな？

미안하지만 이 레포트 좀 체크해 줄 수 있니?

B：なに？　ああ、日本語(にほんご)の
レポートか。うん、いいよ。

뭐? 아아 일본어 레포트. 응 알았어.

A：ありがとう。よろしくな。

고맙다. 잘 부탁한다.

② 친한 동년배에게 일본어를 체크해 달라고 부탁할 때

A：お願(ねが)い、このレポート、ちょっと
チェックしてもらえない？

부탁인데 이 레포트, 좀 체크해 줄 수 있니?

B：なに？　ああ、日本語(にほんご)の
レポート。うん、いいよ。

뭐? 아아 일본어 레포트말이구나. 응 알았어.

A：ありがとう。よろしくね。

고마워. 부탁해.

KY式 日本語

[3M]=Majide Mou Muri (マジでもう無理)

① (직무나 과제가 곤란해서)아무리 노력해도 달성할 수 없는 것.

この暑いのに10キロ走れったって、そんなの3M。

이렇게 더운데 10키로 달리라니, 그런 것 정말 무리야.

② 성가신 것.

昼飯の後はシェスタ。いきなり仕事しろったって3Mだよ。

점심 먹은 후에는 낮잠. 갑자기 일하라고 해도 정말 무리야.

欧米かっ!

여기가 구쥬나!

• 참는다고 하는 경험이 적은 최근 젊은이가 그다지 곤란하지 않을 경우에도 자주 사용함. 「あ~ダルい、3M」(아 나른하다. 정말 무리다.)와 같이 「ダルい」와 세트로 사용되는 경우도 많다.

北原保雄編著(2008)『KY式日本語』大修館書店より

すみません。親睦会(しんぼくかい)の会費(かいひ)の集金(しゅうきん)に伺(うかが)いました。

ああ、会費(かいひ)ね。ご苦労(くろう)さん。いくらかな。

5千円(ごせんえん)です。ありがとうございます。

한국어 역

A : 죄송합니다만 친목회 회비 걷으러 왔습니다.
B : 아, 회비. 수고한다. 얼마지?
A : 5천엔입니다. 감사합니다.

すみません。親睦会(しんぼくかい)の会費(かいひ)の集金(しゅうきん)に伺(うかが)いました。

あら、会費(かいひ)ね。幹事(かんじ)のお仕事(しごと)、大変(たいへん)ね。いくらかしら?

5千円(ごせんえん)です。ありがとうございます。

한국어 역

A : 죄송합니다만 친목회 회비 걷으러 왔습니다
B : 아 회비. 간사 일 힘들지. 얼마지?.
A : 오천엔입니다. 고맙습니다

포인트 체크

➲ **요구표현**

- 명사+もらえる (명사+줄래?)

  예) 会費(かいひ)もらえる? 회비 줄래?

- 동사+ていただけませんか (-아/어 주실 수 없으신지요?)

  예) 教えていただけませんか。설명해 주실 수 없으신지요?

- 동사+てくれよ (-아/어 줘)

  예) 説明(せつめい)してくれよ。설명해 줘

- 동사+て (-아/어 (줘))

  예) 説明(せつめい)して。설명해 줘.

家庭料理

バリエーション3

いろいろなバリエーションで練習しよう

남자주인공 버전
(A는 20대 중반에서 30대 초반의 남자)

1 아는 손윗사람에게 친목회 회비를 요구할 때

A：すみません。親睦会(しんぼくかい)
の会費(かいひ)の集金(しゅうきん)に
伺(うかが)いました。

　　죄송합니다만 친목회 회비 걷으러 왔습니다.

B：ああ、会費(かいひ)ね。ご苦労(くろ
う)さん。いくらかな？

　　아, 회비. 수고한다. 얼마지?

A：5千円(ごせんえん)です。ありがとう
ございます。

　　5천엔입니다. 감사합니다.

2 친한 동년배에게 친목회 회비를 요구할 때

A：たもつ、親睦会(しんぼくかい)の会
費(かいひ)、お願(ねが)い。

　　다모츠, 친목회 회비 부탁해.

B：ああ、会費(かいひ)か。まだだった？
今(いま)払(はら)うよ。いくら？

　　응, 회비. 아직 안 냈니? 지금 낼게. 얼마니?

A：5千円(ごせんえん)。ありがとう。

　　오천엔. 고맙다.

여자주인공 버전
(A는 20대 중반에서 30대 초반의 여자)

① 아는 손윗사람에게 친목회 회비를 요구할 때

A：すみません。親睦会(しんぼくかい)
の会費(かいひ)の集金(しゅうきん)に
伺(うかが)いました。

　　죄송합니다만 친목회 회비 걷으러 왔습니다.

B：あら、会費(かいひ)ね。幹事(かん
じ)のお仕事(しごと)、大変(たいへ
ん)ね。いくらかしら？

　　아 회비. 간사 일 힘들지. 얼마지?

A：5千円(ごせんえん)です。ありがとう
ございます。

　　오천엔입니다. 고맙습니다.

② 친한 동년배에게 친목회 회비를 요구할 때

A：あのー、親睦会(しんぼくかい)の会
費(かいひ)、もらえる？

　　음, 친목회 회비, 받을 수 있을까?

B：ああ、会費(かいひ)。お疲(つか)れ
さん。いくら？

　　응 회비. 수고하네. 얼만데?

A：5千円(ごせんえん)。どうもありがと
う。

　　오천엔. 고맙다.

先生(せんせい)、さきほどの話(はなし)、もう少(すこ)し詳(くわ)しく教(おし)えていただけませんか？

いいですよ。

すみません。その分野(ぶんや)には関心(かんしん)があって…。

한국어 역
A : 선생님, 조금 전 이야기, 조금 더 자세히 가르쳐 주실 수 없으신지요?
B : 알았다.
A : 죄송합니다. 그 분야에는 관심이 있어서요.

先生(せんせい)、さきほどの話(はなし)、もう少(すこ)し詳(くわ)しく教(おし)えていただけませんか？

いいですよ。

すみません。その分野(ぶんや)には関心(かんしん)があって…。

한국어 역
A : 선생님, 조금 전 이야기, 조금 더 자세히 가르쳐 주실 수 없으신지요?
B : 알았어요.
A : 죄송합니다. 그 분야에는 관심이 있어서요.

バリエーション 4　いろいろなバリエーションで練習しよう

<table>
<tr><td>

남자주인공 버전
(A는20대 중반에서 30대 초반의 남자)

1 아는 손윗 사람에게 다시 한번 설명을 요구할 때

A： 先生(せんせい)、さきほどの話(はな
し)、もう少(すこ)し詳(くわ)しく教(おし)
えていただけませんか？

선생님, 조금 전 이야기, 조금 더 자세히 가르쳐
주실 수 없으신지요？

B： いいですよ。

알았다.

A： すみません。その分野(ぶんや)には
関心(かんしん)があって…。

죄송합니다. 그 분야에는 관심이 있어서요.

</td><td>

여자주인공 버전
(A는20대 중반에서 30대 초반의 여자)

① 아는 손윗 사람에게 다시 한번 설명을 요구할 때

A： 先生(せんせい)、さきほどの話(はな
し)、もう少(すこ)し詳(くわ)しく教(おし)
えていただけませんか？

선생님, 조금 전 이야기, 조금 더 자세히 가르쳐
주실 수 없으신지요？

B： いいですよ。

알았어오.

A： すみません。その分野(ぶんや)には
関心(かんしん)があって…。

죄송합니다. 그 분야에는 관심이 있어서요.

</td></tr>
<tr><td>

2 아는 동년배에게 다시 한번 설명을 요구할 때

A： あのさ、さっきの話(はなし)、もう一
回(いっかい)説明(せつめい)してくれ
よ。

있잖아. 아까 이야기, 한번 더 설명해 주라.

B： え、また？

뭐, 또.

A： ああ、悪(わる)いな。さっき、急(きゅ
う)にお客(きゃく)さんが来(き)て、大
事(だいじ)なところ聞(き)きそびれ
ちゃったんだ。

아아, 진짜 미안해. 아까 갑자기 손님이 와서 중
요한 부분 잘 못 들었거든.

</td><td>

② 아는 동년배에게 다시 한번 설명을 요구할 때

A： ねえ、さっきの話(はなし)、もう少(す
こ)し詳(くわ)しく教(おし)えてくれな
い？

있잖아. 아까 이야기, 한번 더 설명해 줄래？

B： いいよ。

알았어.

A： うん、ごめん。その話(はなし)、面
白(おもしろ)そうだから。

응 미안. 그 이야기 재미있을 것 같으니까.

</td></tr>
</table>

말하기 연습

▌남자 버전 (A는 20대 중반에서 30대 초반)

1 아는 손윗 사람 남자에게 부탁할 때

A：先生(せんせい)。すみませんが、つぎの(　　　)で、(　　　)をお願(ねが)いしたい
のですが。

선생님. 실례합니다만 다음 (명사1)의 (명사2)를 부탁드리고 싶습니다만….

B：(　　　　)か。分(わ)かった。

(명사2)라. 알았다.

A：ありがとうございます。よろしくお願(ねが)いします。

고맙습니다. 잘 부탁 드립니다.

2 한 동년배에게 부탁할 때

A：つぎの(　　　)の(　　　)、やってくんない？

다음 (명사1) (명사2), 안 해 줄래？

B：(　　　)か。　OK。がんばるよ。

(명사2)! 알았다. 열심히 해 보지.

A：ありがとう。助(たす)かるよ。

고맙다. 정말 힘이 된다.

▌여자 버전 (A는 20대 중반에서 30대 초반)

① 아는 손윗 사람 여자에게 부탁할

A：先生(せんせい)。すみませんが、つぎの(　　　)で、(　　　)をお願(ねが)いしたいの
ですが。

선생님. 실례합니다만 다음 (명사1)의 (명사2)를 부탁드리고 싶습니다만….

B：(　　　)ですか。分(わ)かりました。

(명사2)라. 알았어요.

A：ありがとうございます。よろしくお願(ねが)いします。

고맙습니다. 잘 부탁 드립니다

② 친한 동년배에게 다음 친목회의 사회를 부탁할 때

A：つぎの(　　　)の(　　　)、お願(ねが)い。

다음 (명사1) (명사2) 좀 부탁할게.

B：(　　　)。分(わ)かった。

(명사2)! 알았어.

A：ありがとう。助(たす)かるわ。

고마워. 너밖에 없다.

말하기 연습 부탁표현Ⅱ

▌남자 버전 (A는 20대 중반에서 30대 초반)

1 아는 손윗사람에게 무엇인가를 체크해 달라고 부탁할 때

A : 先生(せんせい)。たいへん申(もう)し訳(わけ)ありませんが、この（　　　）をチェックしていただけませんか？

선생님. 정말 죄송합니다만 이 (명사1) 좀 체크해 주시겠습니까?

B : どれどれ。ああ、（　　　）の（　　　）だね。うん、分(わ)かったよ。

뭔데. 아 (명사2) (명사1)구나. 응, 알았다.

A : ありがとうございます。どうぞよろしくお願(ねが)いします。

고맙습니다. 잘 부탁드립니다.

2 친한 동년배에게 무엇인가를 체크해 달라고 부탁할 때

A : わるいけど、この（　　　）、ちょっとチェックしてもらえるかな？

미안하지만 이 (명사1) 좀 체크해 줄 수 있니?

B : なに？　ああ、（　　　）の（　　　）か。うん、いいよ。

뭐? 아 (명사2) (명사1). 응 알았어.

A : ありがとう。よろしくな。

고맙다. 잘 부탁한다.

▌여자 버전 (A는 20대 중반에서 30대 초반)

① 아는 손윗사람에게 무엇인가를 체크해 달라고 부탁할 때

A : 先生(せんせい)。たいへん申(もう)し訳(わけ)ありませんが、この（　　　）をチェックしていただけませんか？

선생님. 정말 죄송합니다만 이 (명사1) 좀 체크해 주시겠습니까?

B : なにかしら。ああ、（　　　）の（　　　）ね。ええ、いいですよ。

뭐지. 아 (명사2) (명사1). 응 알았어요.

A : ありがとうございます。どうぞよろしくお願(ねが)いします。

고맙습니다. 잘 부탁드립니다..

② 친한 동년배에게 무엇인가를 체크해 달라고 부탁할 때

A : お願(ねが)い、この（　　　）、ちょっとチェックしてもらえない？

부탁인데 이 (명사1) 좀 체크해 줄 수 있니?

B : なに？　ああ、（　　　）の（　　　）。うん、いいよ。

뭐? 아 (명사2) (명사1)말이구나. 응 알았어.

A : ありがとう。よろしくね。

고맙다. 잘 부탁한다.

▌남자 버전 (A는 20대 중반에서 30대 초반)

1 아는 손윗사람에게 회비를 요구할 때

A：すみません。(　　　　)の会費(かいひ)の集金(しゅうきん)に伺(うかが)いました。
　　죄송합니다만 (명사1) 회비 걷으러 왔습니다.

B：ああ、会費(かいひ)ね。ご苦労(くろう)さん。いくらかな。
　　아, 회비. 수고한다. 얼마지.

A：(　　　　　　)円(えん)です。ありがとうございます。
　　(금액)엔입니다. 감사합니다.

2 친한 동년배에게 회비를 요구할 때

A：あのー、(　　　　)の会費(かいひ)、もらえるかな。
　　음, (명사1) 회비 내 줄래.

B：ああ、会費(かいひ)か。まだだった？今(いま)払(はら)うよ。いくら？
　　응, 회비. 아직 안 냈니? 지금 낼께. 얼마니?

A：(　　　　)円(えん)。ありがとう。
　　(금액)엔. 고맙다.

▌여자 버전 (A는 20대 중반에서 30대 초반)

① 아는 손윗사람에게 회비를 요구할 때

A：すみません。(　　　　)の会費(かいひ)の集金(しゅうきん)に伺(うかが)いました。
　　죄송합니다만 (명사1) 회비 걷으러 왔습니다.

B：あら、会費(かいひ)ね。幹事(かんじ)のお仕事(しごと)、大変(たいへん)ね。

　　いくらかしら？
　　아 회비. 간사 일 힘들지. 얼마지.

A：(　　　　)円(えん)です。ありがとうございます。
　　(금액)엔입니다. 고맙습니다.

② 친한 동년배에게 회비를 요구할 때

A：あのー、(　　　　)の会費(かいひ)、もらえる？
　　음, (명사1) 회비 낼래.

B：ああ、会費(かいひ)。お疲(つか)れさん。いくら？
　　응 회비. 수고하네. 얼만데?

A：(　　　　)円(えん)。どうもありがとう。
　　(금액)엔. 고맙다

말하기 연습

▌ 남자 버전 (A는 20대 중반에서 30대 초반)

1 아는 손윗사람에게 다시 한번 설명을 요구할 때

A: 先生(せんせい)、さきほどの話(はなし)、もう少(すこ)し詳(くわ)しく教(おし)えていただけませんか？

　　선생님, 조금 전 이야기, 조금 더 자세히 가르쳐 주실 수 없으신지요?

B: いいですよ。

　　알았다.

A: すみません。その分野(ぶんや)には関心(かんしん)があって…。

　　죄송합니다. 그 분야에는 관심이 있어서요.

2 아는 동년배에게 다시 한번 설명을 요구할 때

A: あのさ、さっきの話(はなし)、もう一回(いっかい)説明(せつめい)してくれよ。

　　있잖아. 아까 이야기, 한번 더 설명해 주라.

B: え、また？

　　뭐, 또.

A: ああ、悪(わる)いな。さっき、急(きゅう)にお客(きゃく)さんが来(き)て、大事(だいじ)なところ聞(き)きそびれちゃったんだ。

　　아아, 진짜 미안해. 아까 갑자기 손님이 와서 중요한 부분 잘 못 들었거든.

▌ 여자 버전 (A는 20대 중반에서 30대 초반)

① 아는 손윗사람에게 다시 한번 설명을 요구할 때

A: 先生(せんせい)、さきほどの話(はなし)、もう少(すこ)し詳(くわ)しく教(おし)えていただけませんか？

　　선생님, 조금 전 이야기, 조금 더 자세히 가르쳐 주실 수 없으신지요?

B: いいですよ。

　　괜찮아요.

A: すみません。その分野(ぶんや)には関心(かんしん)があって…。

　　죄송합니다. 그 분야에는 관심이 있어서요.

② 아는 동년배에게 다시 한번 설명을 요구할 때

A: ねえ、さっきの話(はなし)、もう少(すこ)し詳(くわ)しく教(おし)えてくれない？

　　있잖아. 아까 이야기, 한번 더 설명해 줄래?

B: いいよ

　　알았어.

A: うん、ごめん。その話(はなし)、面白(おもしろ)そうだから。

　　응 미안. 그 이야기 재미있을 것 같으니까.

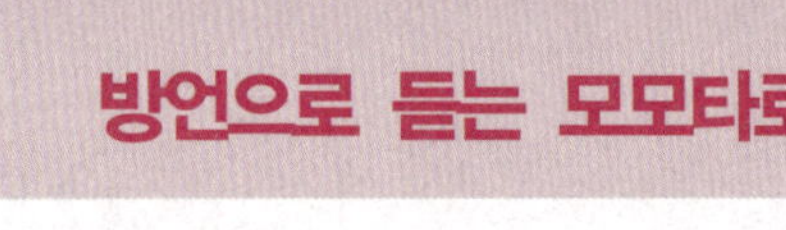

▌ 岡山県(おかやまけん)岡山市(おかやまし) 화자의 모모타로우 

ムカシムカシ　アルトケー　オジイサント　オバアサンガ　アリマシタ
옛날 옛날　　　어떤 곳에　　할아버지와　　할머니가　　　있었습니다.

オジイサンハ　ヤメー　タキギュー　トリイキマシタ　オバアサンハ
할아버지는　　　산에　　나무하러　　　　　　　　　할머니는
カウェー　センタキー　イキマシタ
개울에　　빨래를 하러 갔습니다.

オバアサンガ　センタクオショールト　カワノ　カミカラ　オオキイモモガ
할머니가　　　　빨래를 하고 있는데　　냇가　　윗쪽에서　커다란 복숭아가

ドンブラ　ドンブラ　ナガレテキマシタ、
둥실 둥실　　　　떠내려 왔습니다.

オバアサンハ　ソノモモヲ　ヒロ―テ　イエヘイニマシタ
할머니는　　　그 복숭아를 주워서　　집으로 돌아왔습니다.

オバアサンガ　モモヲキロウトシタラ　モモガフタッツニワレテ
할머니가　　　복숭아를 자르려고 하자　복숭아가 두 개로 갈라져

ナカカラ　オオキイ　オトコンコガ　ウマレマシタ
안에서　　커다란　　남자아이가　　태어났습니다.

オジイサント　オバアサンハ　ソノケー　モモタロウイウ　ナーッケマシタ
할아버지와　　할머니는　　　그 아이에게　모모타로우라고 하는 이름을 붙였습니다.

┃ 岡山県(おかやまけん)岡山市(おかやまし) 방언의 특색

- セ ンタクオショールト 洗濯(せんたく)をしていると。빨래를 하고 있는데. 「ショール」는「ショル」의 변화. 「〜ヨル」는 진행・계속을 나타냄.

- イニマシタ 帰(かえ)りました。돌아왔습니다. 「イヌル」는 「帰る」의 뜻.

- 「アルトケー」(あるところへ 어떤 곳에), 「ヤメー」(山へ 산에), 「タキギュー」(たきぎを 땔감을), 「カウェー」(川へ 냇가에), 「ソノケー」(その子に 그 아이에게)와 같이 連母音의 융합이 두드러짐.

- 「ヒローテ」(拾って 주워)와 같이 동사의 ウ音便形이 보여짐(西日本方言의 특색).

佐藤亮一(さとうりょういち)監修(2002)『方言の地図帳』小学館より

MEMO

第 **9** 課

지시표현과 권유표현

[학습내용]

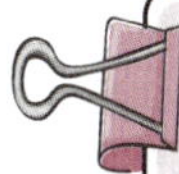

- □ 친한 동년배나 초등학생에게 병원에 가라고 할 때의 지시표현
- □ 친한 동년배나 초등학생에게 빨리 자라고 할 때의 지시표현
- □ 아는 손윗사람이나 동년배에게 어떤 행사에 참여하자고 할 때의 권유표현
- □ 아는 손윗사람이나 동년배에게 무언가를 같이 보자고 할 때의 권유표현

焼き物 ： 焼き魚

새로운 단어

☐ おい	야, 이봐(감탄사)		☐ 遠足(えんそく)	소풍
☐ 顔色(かおいろ)	안색		☐ 〜だろう	-이잖아
☐ 悪(わる)い	나쁘다		☐ 遅刻(ちこく)	지각
☐ 具合(ぐあい)	상태		☐ 〜してもしらない	-해도 모른다
☐ 〜のか	-니(종조사)		☐ 大丈夫(だいじょうぶ)だ	괜찮다
☐ うーん	으응		☐ 〜でしょう	-이잖아
☐ 寒気(さむけ)	오한			(だろう의 정중형. 명사+でしょう)
☐ 風邪(かぜ)	감기		☐ 今度(こんど)	이번
☐ 〜かな	-인가		☐ 栗拾(くりひろ)い	밤 따기
☐ 大変(たいへん)だ	큰일이다		☐ 芋掘(いもほ)り	고구마 캐기
☐ 早(はや)く	빨리		☐ 紅葉狩(もみじが)り	단풍놀이
☐ 〜たほうがいい	-하는 편이 좋다		☐ 〜ましょう	-ㅂ/읍시다.-(으)시죠
☐ 一緒(いっしょ)に	함께		☐ すてきだ	멋있다.
☐ 〜なさい	-아/어, -아라/어라		☐ ゆかり	유카리(인명)
	(명령. 동사연용형+なさい)		☐ 〜(よ)う	-재(권유형)
☐ 〜な	-아/어라(명령. 동사연용형+な)		☐ ああ	응(감탄사)
☐ なんか	왠지		☐ たもつ	타모츠(인명)
☐ 〜おいで	-와("와"의 친근한 말씨)		☐ 人気(にんき)だ	꽤 인기다.
☐ 〜じゃなかったっけ	-아니었나		☐ 映画(えいが)	영화
☐ すごく	너무		☐ 見(み)ませんか	안 보시겠습니까?
☐ 〜みたい	-인 것 같아		☐ さっき	아까
☐ 明日(あした)	내일		☐ 借(か)りる	빌리다
☐ 学校(がっこう)	학교		☐ じゃ	그럼
☐ 授業(じゅぎょう)	수업		☐ 面白(おもしろ)い	재미있다
☐ 会議(かいぎ)	회의		☐ 見(み)ないか	안 볼래?

おい、顔色(かおいろ)、悪(わる)いぞ。具合(ぐあい)、悪(わる)いのか?

うーん、寒気(さむけ)がする。風邪(かぜ)かな。

大変(たいへん)だ。早(はや)く病院(びょういん)へ行(い)きなよ。

한국어 역
A : 야! 안색 안 좋은데. 몸 안 좋으니?.
B : 응, 오한이 들어. 감기가.
A : 큰일이네. 빨리 병원에 가라.

顔色(かおいろ)、悪(わる)いよ。具合(ぐあい)、悪(わる)いの?

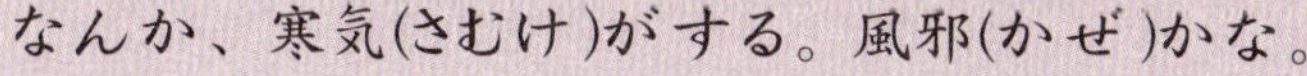

なんか、寒気(さむけ)がする。風邪(かぜ)かな。

大変(たいへん)。病院(びょういん)へ行(い)っておいでよ。

한국어 역
A : 안색 안 좋은데. 몸 안 좋으니?
B : 왠지 오한이 들어. 감기가.
A : 큰일인데. 빨리 병원에 갔다 와.

포인트 체크

➲ **지시표현I(명령표현I)**

　- 동사(연용형)+なさい(-아/어, -아라/어라) : 손윗사람에게 써서는 실례가 되니 쓰지않는 편이 좋다.

行(い)く 가다	→ 行(い)きなさい 가, 가라
起(お)きる 일어나다	→ 起(お)きなさい 일어나, 일어나라
食(た)べる 먹다	→ 食(た)べなさい 먹어, 먹어라
する 하다	→ しなさい 해, 해라
来(く)る 오다	→ 来(き)なさい 와, 와라

　- 동사(연용형)+な(-아/어, -아라/어라) : 손윗사람에게 써서는 실례가 되니 쓰지않는 편이 좋다.

行(い)く 가다	→ 行(い)きな 가, 가라
起(お)きる 일어나다	→ 起(お)きな 일어나, 일어나라
食(た)べる 먹다	→ 食(た)べな 먹어, 먹어라
する 하다	→ しな 해, 해라
来(く)る 오다	→ 来(き)な 와, 와라

　- 동사(연용형)+たほうがいい(-는 편이 좋다). u동사는 뒤에 た가 접속할 때 연용형 중에서도 음편형으로 됨에 주의해야 한다.

行(い)く 가다	→ 行(い)ったほうがいい 가는 편이 좋다
起(お)きる 일어나다	→ 起(お)きたほうがいい 일어나는 편이 좋다
食(た)べる 먹다	→ 食(た)べたほうがいい 먹는 편이 좋다
する 하다	→ したほうがいい 하는 편이 좋다
来(く)る 오다	→ 来(き)たほうがいい 오는 편이 좋다

➲ **具合(ぐあい)が悪(わる)い** : "상태가 좋지 않다", "체면이 서지 않다", "난처하다"의 뜻이다.

예) 体(からだ)の具合(ぐあい)が悪(わる)い。 몸 상태가 좋지 않다.

　　この服(ふく)ではどうも具合(ぐあい)が悪(わる)い。

　　이 옷으로는 도무지 체통이 서지 않는다.

　　断(ことわ)るのは具合(ぐあい)が悪(わる)い。 거절하기가 난처하다.

バリエーション1

いろいろなバリエーションで練習しよう

<table>
<tr><td>

남자주인공 버전
(A는20대 중반에서 30대 초반의 남자)

</td><td>

여자주인공 버전
(A는20대 중반에서 30대 초반의 여자)

</td></tr>
<tr><td>

1 친한 동년배 B에게 병원에 가라고 지시할 때

A：おい、顔色（かおいろ）、悪（わる）いぞ。
　　具合（ぐあい）、悪（わる）いのか？

　　야! 안색 안 좋은데. 몸 안 좋으니?

B：うーん、寒気（さむけ）がする。風邪
　　（かぜ）かな。

　　응, 오한이 들어. 감긴가.

A：大変（たいへん）だ。早（はや）く病院
　　（びょういん）へ 行（い）きなよ。

　　큰일이네. 빨리 병원에 가라.。

</td><td>

① 친한 동년배 B에게 병원에 가라고 지시할 때

A：顔色（かおいろ）、悪（わる）いよ。具
　　合（ぐあい）、悪（わる）いの？

　　안색 안 좋은데. 몸 안 좋으니?

B：なんか、寒気（さむけ）がする。風邪
　　（かぜ）かな。

　　왠지 오한이 들어. 감긴가.

A：大変（たいへん）。病院（びょういん）へ
　　行っておいでよ。

　　큰일인데. 빨리 병원에 갔다 와.

</td></tr>
<tr><td>

2 초등학생 남자조카의 경우

A：おい、顔色（かおいろ）、悪（わる）いぞ。具
　　合（ぐあい）、悪（わる）いのか？

　　야! 안색 안 좋은데. 몸 안 좋으니?

B：うん、すごく寒（さむ）い。風邪（かぜ）
　　かな。

　　응 너무 추워. 감긴가.

A：大変（たいへん）だ。早（はや）く病院
　　（びょういん）へ 行（い）ったほうがいいよ。一緒
　　（いっしょ）に 行（い）こうか？

　　큰일이네. 빨리 병원에 가는 편이 좋겠다. 함께
　　갈까?

</td><td>

② 초등학생 여자조카의 경우

A：あれ！　顔色（かおいろ）、悪（わる）い
　　よ。具合（ぐあい）、悪（わる）い？

　　어! 안색 안 좋네. 어디 안 좋으니?

B：うん、すごく寒（さむ）い。風邪（かぜ）
　　みたい。

　　응 너무 추워. 감기인 것 같아.

A：大変（たいへん）。早（はや）く病院
　　（びょういん）へ 行（い）ったほうがいい
　　よ。一緒（いっしょ）に 行（い）く？

　　큰일이네. 빨리 병원에 가는 편이 좋겠다. 같이
　　갈까?

</td></tr>
</table>

あした、学校(がっこう)じゃなかったっけ？早(はや)く寝(ね)ろよ。

大丈夫(だいじょうぶ)だよ。

あした 遅刻(ちこく)してもしらねーよ。

한국어 역
A : 내일 수업 아니었니? 빨리 자.
B : 괜찮아.
A : 내일 지각해도 모른다.

あした、学校(がっこう)じゃなかったっけ？早(はや)く寝(ね)なくても大丈夫(だいじょうぶ)なの？

大丈夫(だいじょうぶ)。

あした 遅刻(ちこく)してもしらないよ。

한국어 역
A : 내일 수업 아니었나? 빨리 안 자도 괜찮니?
B : 괜찮아.
A : 내일 지각해도 모른다.

➔ **지시표현Ⅱ(명령표현Ⅱ)**

　- 동사의 명령형(-아/어, -아라/어라)

　: 손윗사람에게 문말표현으로 쓰면 실례가 되므로 쓰지 않는 편이 좋다. 표현이 강해서 여성은 특수한 경우를 제외하고는 쓰지 않는 표현이다.

行(い)く 가다	→ 行(い)け 가, 가라
起(お)きる 일어나다	→ 起(お)きろ 일어나, 일어나라
食(た)べる 먹다	→ 食(た)べろ 먹어, 먹어라
する 하다	→ しろ/せよ 해, 해라
来(く)る 오다	→ 来(こ)い 와, 와라

➔ **-っけ** : 잊었던 일이나 불확실한 일을 상대에게 질문하거나 확인할 때 사용하는 종조사로 "…던가"로 해석된다. 친한 사이에 허물없는 말씨로 사용된다.

　예) 始(はじ)まりは四時(よじ)からだっけ。시작은 4시부터였던가?

メイドカフェの飲(の)み物(もの)

バリエーション2

いろいろなバリエーションで練習しよう

남자주인공 버전	여자주인공 버전
(A는 20대 중반에서 30대 초반의 남자)	(A는 20대 중반에서 30대 초반의 여자)

1 친한 동년배 남자 B에게 빨리 자도록 지시할 때

A：あした、学校(がっこう)じゃなかったっ
け？ 早(はや)く寝(ね)ろよ。
　　내일 수업 아니었니? 빨리 자.

B：大丈夫(だいじょうぶ)だよ。
　　괜찮아.

A：あした遅刻(ちこく)してもしらねーよ。
　　내일 지각해도 모른다.

① 친한 동년배 여자 B에게 빨리 자도록 지시할 때

A：あした、学校(がっこう)じゃなかったっ
け？ 早(はや)く寝(ね)なくても大丈夫
(だいじょうぶ)なの？
　　내일 수업 아니었나? 빨리 안 자도 괜찮니?

B：大丈夫(だいじょうぶ)。
　　괜찮아.

A：あした遅刻(ちこく)してもしらないよ。
　　내일 지각해도 모른다.

2 초등학생 남자조카 B에게 빨리 자도록 지시할 때

A：あした、学校(がっこう)だろう。早(は
や)く寝(ね)ろ。
　　내일 학교 있잖아. 빨리 자라.

B：大丈夫(だいじょうぶ)。
　　괜찮아.

A：あした遅刻(ちこく)してもしらねーぞ。
　　내일 지각해도 모른다.

② 초등학생 여자조카 B에게 빨리 자도록 지시할 때

A：あした、学校(がっこう)でしょう。早(は
や)く寝(ね)ないと。
　　내일 학교잖아. 빨리 자야지.

B：大丈夫(だいじょうぶ)。
　　괜찮아.

A：あした遅刻(ちこく)してもしらないから
ね。
　　내일 지각해도 모르니까.

卵焼き

KY式 日本語

[MMK]=Motete Motete Komacchau (モテてモテて困っちゃう)

연애감정을 동반하는 이성으로부터의 어프로치가 동시에 여러 군데서 발생해, 대처에 고심하는 것.

何でか理由は分からないけど、バツイチになってからMMKなんだよね。

왠지 모르겠지만 돌싱이 되고 나서 너무 인기 있어서 괴롭네 진짜

人間誰でも、そういう時期が3回あるらしいよ。

인간은 누구라도 그러한 시기가 3번은 있는 것 같아요

• 구 일본해군의 은어. 대부분의 경우, 실제로 괴롭다기 보다는 가볍게 자랑하는 뉘앙스로 이용되었다고 생각된다.

北原保雄編著(2008)『KY式日本語』大修館書店より

한국어 역
A : 하아! 이번 토요일에 밤 따기 이벤트 있니?.
B : 예, 선생님도 같이 가시지요.
A : 재미 있겠는데. 갈까나.

한국어 역
A : 하아! 이번 토요일에 밤 따기 이벤트 있니?.
B : 예, 선생님도 같이 가시지요.
A : 재미 있겠는데. 가 볼까.

포인트 체크

➲ 권유표현I

- 동사(연용형)+ましょう(-ㅂ/읍시다)

行(い)く 가다 → 行(い)きましょう 갑시다

起(お)きる 일어나다 → 起(お)きましょう 일어납시다

食(た)べる 먹다 → 食(た)べましょう 먹읍시다

する 하다 → しましょう 합시다

来(く)る 오다 → 来(き)ましょう 옵시다

- 동사의 의지형(-자)

: 손윗사람에게는 실례가 되므로 문말표현으로 쓰지 않는 편이 좋다.

行(い)く 가다 → 行(い)こう 가자

起(お)きる 일어나다 → 起(お)きよう 일어나자

食(た)べる 먹다 → 食(た)べよう 먹자

する 하다 → しよう 하자

来(く)る 오다 → 来(こ)よう 오자

➲ おもしろ+そうだ : 여기에서의 「そう(だ)」는 様態를 나타내며 "-ㄹ/을 것 같다"로 해석된다. イ形容詞에 양태의 「そう(だ)」가 접속할 경우, イ形容詞의 어간(예 : おもしろ)에 접속한다. 단, イ形容詞 중에서도 「ない・きたない・せわしない・よい」는 어간 뒤에 항상 「さ」를 넣고 접속시킨다.

예) それは面白(おもしろ)そうね。 그 것 재미있을 것 같은데.

お金があまりなさそうだ。 돈이 별로 없는 것 같다.

あしたは天気がよさそうだ。 내일은 날씨가 좋을 것 같다.

バリエーション 3

いろいろなバリエーションで練習しよう

남자주인공 버전	여자주인공 버전

<table>
<tr><td>

남자주인공 버전
(A는20대 중반에서 30대 초반의 남자)

</td><td>

여자주인공 버전
(A는20대 중반에서 30대 초반의 여자)

</td></tr>
</table>

1 아는 손위의 여선생님께 밤을 주우러 가자고 권할 때

A：へぇ。今度(こんど)の土曜日(どよう
び)、栗(くり)拾(ひろ)いのイベントがあ
るの？

하아! 이번 토요일에 밤 따기 이벤트 있니?

B：はい、先生(せんせい)も一緒(いっ
しょ)に行(い)きましょうよ。

예, 선생님도 같이 가시지요.

A：面白(おもしろ)そうね。行(い)こうかし
ら。

재미 있겠는데. 갈까나.

2 친한 동년배 여자에게 밤을 주우러 가자고 권할 때

A：今度(こんど)の土曜日(どようび)、
栗(くり)拾(ひろ)い、あるんだ。

이번 토요일에 밤 따기 있구나.

B：ああ。ゆかりも一緒(いっしょ)に行(い)
こうよ。

응, 유카리도 같이 가자.

A：うん、そうだね。面白(おもしろ)そうだ
ね。

음, 그럴까. 재미있을 것 같은데.

① 아는 손윗 남자선생님께 밤을 주우러 가자고 권할 때

A：へぇ。今度(こんど)の土曜日(どよう
び)、栗(くり)拾(ひろ)いのイベントがあ
るの？

야아! 이번 토요일에 밤 따기 이벤트 있니?

B：はい、先生(せんせい)も一緒(いっ
しょ)に行(い)きましょうよ。

예, 선생님도 같이 가시지요.

A：面白(おもしろ)そうだね。行(い)こうか
な

재미겠는 걸. 가 볼까.

② 친한 동년배 남자친구에게 밤을 주우러 가자고 권할 때

A：今度(こんど)の土曜日(どようび)、
栗(くり)拾(ひろ)い？

이번 토요일, 밤 따기 하니?

B：そう、たもつ君(くん)も一緒(いっしょ)
に行(い)こう。

응, 다모츠군도 같이 가자

A：いいね。面白(おもしろ)そうだな。

좋아. 재미있겠는데.

うん？ DVD見(み)るの？

あ、はい。佐藤(さとう)さんも一緒(いっしょ)に見(み)ませんか？

そうだな。じゃ、一緒(いっしょ)に見(み)ようかな。

한국어 역
A : 응? DVD 보니?
B : 아, 예. 사토 씨도 함께 안 보시겠어요?
A : 그러게. 그럼 같이 볼까나.

ハナちゃん、それ、今(いま)人気(にんき)の映画(えいが)のDVD？

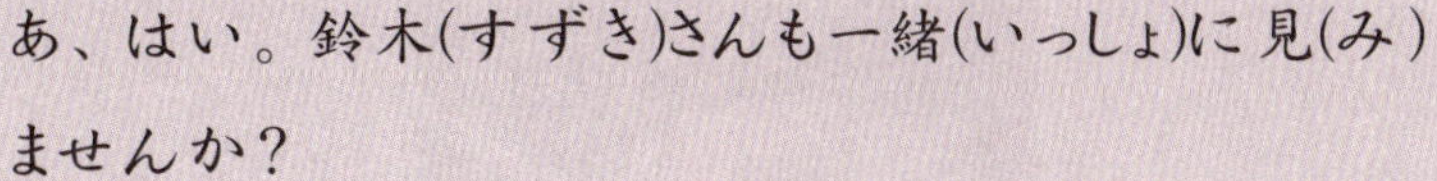
あ、はい。鈴木(すずき)さんも一緒(いっしょ)に見(み)ませんか？

面白(おもしろ)そう。一緒(いっしょ)に見(み)てもいい？

한국어 역
A : 하나, 그거, 지금 인기 있는 영화 DVD?
B : 예, 그래요. 스즈키 씨도 함께 안 보시겠습니까?
A : 재미있을 것 같다. 같이 봐도 되니?

➲ 권유표현Ⅱ

– 동사(연용형)+ませんか (−지 않겠습니까)

行(い)く 가다 → 行(い)きませんか 가지 않겠습니까?

起(お)きる 일어나다 → 起(お)きませんか 일어나지 않겠습니까?

食(た)べる 먹다 → 食(た)べませんか 먹지 않겠습니까?

する 하다 → しませんか 하지 않겠습니까?

来(く)る 오다 → 来(き)ませんか 오지 않겠습니까?

– 동사(미연형)+ないか (−지 않을래)

: 반말이므로 손윗사람에게는 쓰지 않는 편이 좋다.

行(い)く 가다 → 行(い)かないか 가지 않을래?

起(お)きる 일어나다 → 起(お)きないか 일어나지 않을래?

食(た)べる 먹다 → 食(た)べないか 먹지 않을래?

する 하다 → しないか 하지 않을래?

来(く)る 오다 → 来(こ)ないか 오지 않을래?

豆腐担々麺(熊本の名物)

バリエーション 4 いろいろなバリエーションで練習しよう

남자주인공 버전
(A는20대 중반에서 30대 초반의 남자)

1 아는 손윗 사람 남자에게 DVD를 같이 보자고 권할 때

A：うん？　DVD見(み)るの？
　　응? DVD 보니?

B：あ、はい。佐藤(さとう)さんも一緒(いっしょ)に見(み)ませんか？
　　아, 예. 사토 씨도 함께 안 보시겠어요?

A：そうだな。じゃ、一緒(いっしょ)に見(み)ようかな。
　　그러게. 그럼 같이 볼까나.

---

2 아는 동년배 남자친구에게 DVD를 같이 보자고 권할 때

A：お、今(いま)人気(にんき)の映画(えいが)のDVD？
　　어, 요새 인기있는 영화 DVD지?

B：おう、さっき借(か)りてきたんだ。一緒(いっしょ)に見(み)ないか？
　　응, 아까 빌려 왔어. 같이 안 볼래?

A：みるみる。
　　볼게 봐.

여자주인공 버전
(A는20대 중반에서 30대 초반의 여자)

① 아는 손윗사람 여자에게 DVD를 같이 보자고 권할 때

A：ハナちゃん、それ、今(いま)人気(にんき)の映画(えいが)のDVD？
　　하나, 그거, 지금 인기 있는 영화 DVD?

B：あ、はい。鈴木(すずき)さんも一緒(いっしょ)に見(み)ませんか？
　　예, 그래요. 스즈키 씨도 함께 안 보시겠습니까?

A：面白(おもしろ)そう。一緒(いっしょ)に見(み)てもいい？
　　재미있을 것 같다. 같이 봐도 되니?

---

② 아는 동년배 여자친구에게 DVD를 같이 보자고 권할 때

A：ハナちゃん、それ、今(いま)人気(にんき)のDVD？
　　하나, 그거 지금 인기 있는 DVD지?

B：うん、一緒(いっしょ)に見(み)ない？
　　응, 같이 볼래?

A：みるみる。
　　볼게 봐.

▌남자 주인공 버전 (A는 20대 중반에서 30대 초반의 남자, B는 동년배 남자)

1 친한 동년배 남자 B에게 빨리 자도록 지시할 때

A : あした、(　　　　　)じゃなかったっけ？ 早(はや)く寝(ね)ろよ。
　　내일 (명사) 아니었니？ 빨리 자.

B : 大丈夫(だいじょうぶ)だよ。
　　괜찮아.

A : あした 遅刻(ちこく)してもしらねーよ。
　　내일 지각해도 모른다.

2 초등학생 남자조카 B에게 빨리 자도록 지시할 때

A : あした、(　　　　)だろ。早(はや)く寝(ね)ろ。
　　내일 (명사) 있잖아. 빨리 자라.

B : 大丈夫(だいじょうぶ)。
　　괜찮아.

A : あした 遅刻(ちこく)しても知らねーぞ。
　　내일 지각해도 모른다.

▌여자 주인공 버전 (A는 20대 중반에서 30대 초반의 여자, B는 동년배 여자)

① 친한 동년배 여자 B에게 빨리 자도록 지시할 때

A : あした、(　　　　)じゃなかったっけ？ 早(はや)く寝(ね)なくても大丈夫(だいじょう

　　ぶ)なの？
　　내일 (명사)수업 아니었나? 빨리 안 자도 괜찮니?

B : 大丈夫(だいじょうぶ)。
　　괜찮아.

A : あした 遅刻(ちこく)してもしらないよ。
　　내일 지각해도 모른다.

② 초등학생 여자조카 B에게 빨리 자도록 지시할 때

A : あした、(　　　　　)でしょ。早(はや)く寝(ね)ないと。
　　내일 (명사) 잖아. 빨리 자야지.

B : 大丈夫(だいじょうぶ)。
　　괜찮아.

A : あした 遅刻(ちこく)してもしらないからね。
　　내일 지각해도 모른다.

▎남자 주인공 버전 (A는 20대 중반에서 30대 초반의 남자, B는 동년배 남자)

1 아는 손위의 여선생님께 밥을 주우러 가자고 권할 때

A：へぇ。今度(こんど)の土曜日(どようび)、(　　　　　)のイベントがあるの?
　　하아! 이번 토요일에 (행사명) 이벤트 있니?

B：はい、先生(せんせい)も一緒(いっしょ)に行(い)きましょうよ。
　　예, 선생님도 같이 가시지요.

A：面白(おもしろ)そうね。行(い)こうかしら。
　　재미 있겠는데. 갈까 나.

2 친한 동년배 여자에게 밥을 주우러 가자고 권할 때

A：今度(こんど)の土曜日(どようび)、(　　　　　)、あるんだ。
　　이번 토요일에 (행사명) 있구나.

B：ああ。(　　　　　)も一緒(いっしょ)に行(い)こうよ。
　　응, (사람이름)도 같이 가자.

A：うん、そうだね。面白(おもしろ)そうだね。
　　음, 그럴까. 재미있을 것 같은데.

▎여자 주인공 버전 (A는 20대 중반에서 30대 초반의 여자, B는 동년배 여자)

① 아는 손윗 남자선생님께 밥을 주우러 가자고 권할 때

A：へぇ。今度(こんど)の土曜日(どようび)、(　　　　　)のイベントがあるの?
　　야아! 이번 토요일에 (행사명) 이벤트 있니?

B：はい、先生(せんせい)も一緒(いっしょ)に行(い)きましょうよ。
　　예, 선생님도 같이 가시지요.

A：面白(おもしろ)そうだね。行(い)こうかな。
　　재미겠는 걸. 가 볼까.

② 친한 동년배 남자친구에게 밥을 주우러 가자고 권할 때

A：今度(こんど)の土曜日(どようび)、(　　　　　)?
　　이번 토요일, (행사명) 하니?

B：そう。(　　　　　)君(くん)も一緒(いっしょ)に行(い)こう。
　　응, (사람이름)군도 같이 가자.

A：いいね。面白(おもしろ)そうだな。
　　좋아. 재미있겠는데.

▌島根県(しまねけん)松江市(まつえし) 화자의 모모타로우 

トントムカシガ　アッタゲナ　アートコニ　オジト　オババガ　オッタゲナ
옛날 옛날　　어떤 곳에　할아버지와　할머니가　있었습니다.

オジジハ　ヤマヘ　シバカーニ　オババハ　カウェー　シェンタクニ　イキタゲナ
할아버지는 산에　나무하러　할머니는　개울에　빨래를 하러　갔습니다.

オババガ　センタクオシチョート　カワカラ　　オッキナモモガ　ドンブラコ
할머니가　빨래를 하고 있는데　냇가 윗쪽에서　커다란 복숭아가
ドンブラコト　ナガレテキタゲナ
둥실 둥실　떠내려 왔습니다.

オババハ　ソノモモヲ　フロッテ　イエヘモドッタゲナ
할머니는　그 복숭아를 주워서　집으로　돌아왔습니다.

オババガ　モモヲ　クラトスルト　モモガ　フタツニワレテ
할머니가　복숭아를 자르려고 하자　복숭아가 두 개로 갈라져

ナカカラ　オッキナ　オトコンコガ　ウマレタゲナ
안에서　커다란　남자아이가　태어났습니다.

オジジト　オババハ　ソノコニ　　モモタロウテッテ　ナマエヲ　ツケタゲナ
할아버지와 할머니는 그 아이에게　모모타로우라고 하는 이름을　　붙였습니다.

- トントンムカシ 옛날이야기를 시작할 때의 정해진 문구.

- オジジ おじいさん。할아버지.

- オババ おばあさん。할머니.

- カウェー 川へ。개울에.

- センタクオシチョート 洗濯(せんたく)をしていると。빨래를 하고 있는데. 「シチョート」는 「シチョル」(している 하고 있는)라고 하는 진행, 계속을 나타내는 표현.

- 「アートコニ」(あるところに 어떤 곳에), 「シバカーニ」(しばかりに 나무를 하러)와 같이 어중의 r음이 탈락해서 連母音 au 나 ai가 aa가 되는 현상이 보여진다(aru→au→aa/kari→kai→kaa).

- 「イキタゲナ」(行ったそうだ 갔다고 한다)와 같이, 「行く」의 과거형이 「イッタ」가 아니라 「イキタ」라고 하는 형태가 됨. 또 「ゲナ」라고 하는 전문표현이 있음.

佐藤亮一(さとうりょういち)監修(2002)『方言の地図帳』小学館より

MEMO

날짜표현과 의지표현

[학습내용]

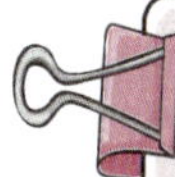

- □ 생일과 관련된 날짜표현
- □ 학회가 언제였는지를 묻는 날짜표현
- □ 소원한 동년배 사이에서의 의지표현
- □ 친한 동년배 사이에서의 의지표현

揚げ物：天ぷら

새로운 단어

☐ 誕生日(たんじょうび)	생일	☐ 用事(ようじ)	일.용무
☐ いつ	언제	☐ 一昨日(おととい)	그제
☐ 一日(いちにち)	하루	☐ 昨日(きのう)	어제
☐ 学会(がっかい)	학회	☐ 今日(きょう)	오늘
☐ ～でしたか	-(이)었습니까?	☐ 明日(あした)	내일
☐ 勘違(かんちが)い	착각, 잘못 생각함	☐ 明後日(あさって)	모레
☐ ～だった	-았/었다	☐ 先々週(せんせんしゅう)	전전 주
☐ っけ	…던가(종조사)	☐ 先週(せんしゅう)	전 주
☐ いや	아니	☐ 今週(こんしゅう)	이번 주
☐ 釣(つ)り	낚시	☐ 来週(らいしゅう)	다음 주
☐ 散歩(さんぽ)	산책	☐ 再来週(さらいしゅう)	다다음 주
☐ 山(やま)	산	☐ 先々月(せんせんげつ)	전전 달
☐ 海(うみ)	바다	☐ 先月(せんげつ)	전 달
☐ 思(おも)う	생각하다	☐ 今月(こんげつ)	이번 달
☐ どうですか	어떻습니까?	☐ 来月(らいげつ)	다음 달
☐ せっかく	모처럼	☐ 再来月(さらいげつ)	다다음 달
☐ 誘(さそ)う	권하다	☐ 一昨年(おととし)	재작년
☐ 急(きゅう)だ	급하다	☐ 去年(きょねん)	작년
☐ 連絡(れんらく)する	연락하다	☐ 昨年(さくねん)	작년
☐ ごめん	미안	☐ 今年(ことし)	올 해
☐ 残念(ざんねん)だ	안타깝다	☐ 来年(らいねん)	내년
		☐ 再来年(さらいねん)	내후년

野村(のむら)さん。お誕生日(たんじょうび)はいつですか?

誕生日(たんじょうび)ですか。四月(しがつ)十四日(じゅうよっか)です。 

えっ、そうなんですか。僕(ぼく)、十五日(じゅうごにち)なんです。

한국어 역
A : 노무라씨. 생일이 언제세요?.
B : 생일이요. 4월 14일입니다.
A : 아 그러세요. 저 15일이에요.

木村(きむら)さん。お誕生日(たんじょうび)はいつですか?

誕生日(たんじょうび)ですか。四月(しがつ)十四日(じゅうよっか)です。 

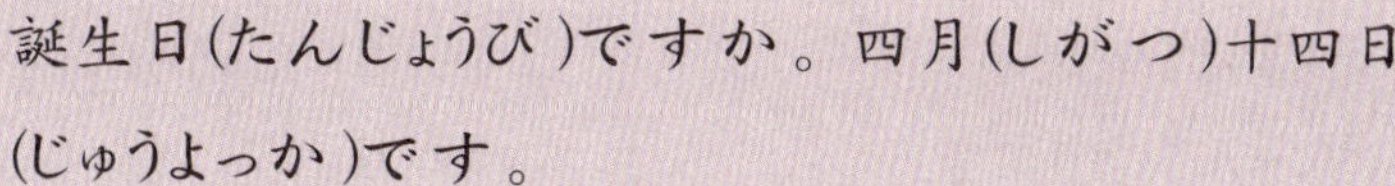

えー、そうなんですか。私(わたし)、十五日(じゅうごにち)なんです。

한국어 역
A : 기무라씨. 생일이 언제에요?
B : 생일이요. 4월 14일이에요.
A : 아 그러세요. 전 15일이에요.

포인트 체크

월(月)

一月(いちがつ) 1월　　　　二月(にがつ) 2월
三月(さんがつ) 3월　　　　四月(しがつ) 4월
五月(ごがつ) 5월　　　　六月(ろくがつ) 6월
七月(しちがつ) 7월　　　　八月(はちがつ) 8월
九月(くがつ) 9월　　　　十月(じゅうがつ) 10월
十一月(じゅういちがつ) 11월　　　　十二月(じゅうにがつ) 12월

일(日)

一日(ついたち) 1일　　　　二日(ふつか) 2일
三日(みっか) 3일　　　　四日(よっか) 4일
五日(いつか) 5일　　　　六日(むいか) 6일
七日(なのか) 7일　　　　八日(ようか) 8일
九日(ここのか) 9일　　　　十日(とおか) 10일
十一日(じゅういちにち) 11일　　　　十二日(じゅうににち) 12일
十三日(じゅうさんにち) 13일　　　　十四日(じゅうよっか) 14일
十五日(じゅうごにち) 15일　　　　十六日(じゅうろくにち) 16일
十七日(じゅうしちにち) 17일　　　　十八日(じゅうはちにち) 18일
十九日(じゅうくにち) 19일　　　　二十日(はつか) 20일
二十一日(にじゅういちにち) 21일　　　　二十二日(にじゅうににち) 22일
二十三日(にじゅうさんにち) 23일　　　　二十四日(にじゅうよっか) 24일
二十五日(にじゅうごにち) 25일　　　　二十六日(にじゅうろくにち) 26일
二十七日(にじゅうしちにち) 27일　　　　二十八日(にじゅうはちにち) 28일
二十九日(にじゅうくにち) 29일　　　　三十日(さんじゅうにち) 30일
三十一日(さんじゅういちにち) 31일

曜日(ようび)요일

月曜日(げつようび) 월요일　　　　火曜日(かようび) 화요일
水曜日(すいようび) 수요일　　　　木曜日(もくようび) 목요일
金曜日(きんようび) 금요일　　　　土曜日(どようび) 토요일
日曜日(にちようび) 일요일

バリエーション1
いろいろなバリエーションで練習しよう

남자주인공 버전	여자주인공 버전

<table>
<tr><td>

남자주인공 버전
(A는20대 중반에서 30대 초반의 남자)

1 소원한 동년배 남자 B의 생일을 물을 때

A：野村(のむら)さん。お誕生日(たんじょ
うび)はいつですか？

노무라씨. 생일이 언제세요?

B：誕生日(たんじょうび)ですか。四月
(しがつ)十四日(じゅうよっか)です。

생일이요. 4월 14일입니다.

A：えっ、そうなんですか。僕(ぼく)、十
五日(じゅうごにち)なんです。

아 그러세요. 저 15일이에요.

2 초등학생 남자조카 B의 생일을 물을 때

A：たもつくん。誕生日(たんじょうび)はい
つ？

다모쯔. 생일이 언제야?

B：誕生日(たんじょうび)。四月(しがつ)
十四日(じゅうよっか)。

생일이요. 4월 14일.

A：そうなんだ！僕(ぼく)、十五日(じゅう
ごにち)。

아 그래. 난 15일이야.

</td><td>

여자주인공 버전
(A는20대 중반에서 30대 초반의 여자)

① 소원한 동년배 여자 B의 생일을 물을 때

A：木村(きむら)さん。お誕生日(たんじょ
うび)はいつですか？

기무라씨. 생일이 언제에요?

B：誕生日(たんじょうび)ですか。四月
(しがつ)十四日(じゅうよっか)です。

생일이요. 4월 14일이에요.

A：えー、そうなんですか。私(わたし)、
十五日(じゅうごにち)なんです。

아 그러세요. 전 15일이에요.

② 초등학생 여자조카 B의 생일을 물을 때

A：ゆいちゃん。誕生日(たんじょうび)は
いつ？

유이야. 생일이 언제야?

B：誕生日(たんじょうび)。四月(しがつ)
十四日(じゅうよっか)。

생일이요. 4월 14일.

A：えー、そうなの！私(わたし)、　十五
日(じゅうごにち)。

아 그래. 난 15일이야.

</td></tr>
</table>

お好み焼き

한국어 역
A : 노무라씨. 어제는 학회가 어제였던가요?.
B : 아니요. 그제였어요.
A : 아 그랬어요. 고마워요. 잘못 알고 있었어요.

한국어 역
A : 기무라씨. 학회가 어제였던가요?
B : 아니오. 그제였어요.
A : 아 그랬군요. 고마워요. 잘못 알고 있었어요.

➲ 年/月/週/日

おととし 一昨年	きょねん　去年 さくねん　昨年	ことし 今年	らいねん 来年	さらいねん 再来年
재작년	작년	올해(금년)	내년	내후년

せんせんげつ 先々月	せんげつ 先月	こんげつ 今月	らいげつ 来月	さらいげつ 再来月
전전 달	전 달	이번 달	다음 달	다다음 달

せんせんしゅう 先々週	せんしゅう 先週	こんしゅう 今週	らいしゅう 来週	さらいしゅう 再来週
전전 주	전 주	이번 주	다음 주	다다음 주

おととい 一昨日	きのう 昨日	きょう 今日	あした・あす 明日	あさって 明後日
그제(그저께)	어제(어저께)	오늘	내일	모레

➲ **명사표현(정중한 과거)** : 명사+でした　명사+(이)었습니다.

　　예) おとといでした。그제였습니다.

➲ **명사표현(보통 과거)** : 명사+だった　명사+(이)었다.

　　예) きのうだった。어제였다.

➲ **명사표현(정중한 과거의문)** : 명사+でしたか　명사+(이)었습니까?

　　예) きのうは学会(がっかい)でしたか。　어제는 학회였습니까?

バリエーション 2 いろいろなバリエーションで練習しよう

남자주인공 버전	여자주인공 버전
(A는20대 중반에서 30대 초반의 남자)	(A는20대 중반에서 30대 초반의 여자)

1 소원한 동년배 남자 B에게 학회에 대해서 물을 때

A：野村(のむら)さん。学会(がっかい)は
きのうでしたっけ？

　노무라씨. 어제는 학회가 어제였던가요?

B：いいえ、おとといでしたよ。

　아니요. 그제였어요.

A：あ、そうでしたか。ありがとうございま
す。勘違(かんちが)いしていまし
た。

　아 그랬어요. 고마워요. 잘못 알고 있었어요.

---

① 소원한 동년배 여자 B에게 학회에 대해서 물을 때

A：木村(きむら)さん。学会(がっかい)は
きのうでしたっけ？

　기무라씨. 학회가 어제였던가요?

B：いいえ、おとといでしたよ。

　아니오. 그제였어요.

A：あ、そうでしたか。ありがとうございま
す。勘違(かんちが)いしていまし
た。

　아 그랬군요. 고마워요. 잘못 알고 있었어요.

---

2 친한 동년배 남자 B에게 학회에 대해서 물을 때

A：野村(のむら)。学会(がっかい)はきの
うだったっけ？

　노무라. 학회가 어제였었니?

B：いや、おととい。

　아니. 그제.

A：あ、そうか。勘違(かんちが)いして
た。

　아 그렇구나. 잘못 알고 있었네.

---

② 친한 동년배 여자 B에게 학회에 대해서 물을 때

A：ゆかり。学会(がっかい)、きのうだっ
たっけ？

　유카리. 학회 어제였던가?

B：ううん、おととい。

　아니. 그제.

A：そっか…。勘違(かんちが)いしてた
わ。ありがとう。

　그렇구나. 잘못 알고 있었네. 고마워.

KY式 日本語

[ODD]＝Omae Daigaku Dousuru (お前、大学どうする)

대학시험을 볼 지 아니면 지망하는 학교 선택을 어떻게 할 지의 질문.

大学は一応行っとこうと思うけど、浪人はしないつもり。で、ODD?

대학은 일단 가 두고, 재수는 안 할 생각이야. 그런데, 넌 대학 어떻게 할 거냐?

• 대학수험생에게 있어 대학이나 학부의 선택은 중요한 관심사이고, 친구의 동향도 당연히 알고 싶어지는 것이다. 일반적인 토픽에 관한 평범한 이야기를 KY어로 표현한 것.

北原保雄編著(2008)『KY式日本語』大修館書店より

> **한국어 역**
> A : 내일 낚시를 가려고 생각합니다만, 노무라상도 가실래요?.
> B : 미안. 모처럼 같이 가자고 했는데….
> A : 아니에요. 급하게 얘기한 거니까요… 그럼 다음 기회에.

> **한국어 역**
> A : 내일 낚시를 가려고 생각하는데…. 기무라 씨도 가실래요?.
> B : 고마워. 모처럼 좋은 기회였는데, 내일은 좀 일이 있어서 말이에요. 미안해요.
> A : 아니요, 괜찮아요. 갑자기 연락해 버린 것도 있으니까요. 그럼 다음 번엔 부탁 드려요.

- **의지표현(정중형)** : 동사의 의지형+とおもいます (-(으)려고 생각합니다)

  예) あした 釣(つ)りに 行(い)こうと 思(おも)います。

  　　내일 낚시를 가려고 생각합니다.

- **의지표현(보통형)** : 동사의 의지형+とおもう

  예) あした 釣(つ)りに 行(い)こうと 思(おも)う。

  　　내일 낚시를 가려고 생각한다.

メイドカフェの料理

バリエーション3
いろいろなバリエーションで練習しよう

남자주인공 버전	여자주인공 버전
(A는 20대 중반에서 30대 초반의 남자)	(A는 20대 중반에서 30대 초반의 여자)

1 소원한 동년배 남자 B에게 자신의 의지를 이야기할 때

A: 明日(あした)釣(つ)りに行こうと思(お
も)っているんですが、野村(のむら)さ
んもどうですか？

내일 낚시를 가려고 생각합니다만, 노무라상도
가실래요?

B: ごめん。せっかく誘(さそ)ってもらった
のに。

미안. 모처럼 같이 가자고 했는데….

A: いえいえ、急(きゅう)だったので…。
じゃあ、また今度(こんど)。

아니에요. 급하게 얘기한 거니까요… 그럼 다음
기회에.

2 친한 동년배 남자 B에게 자신의 의지를 이야기할 때

A: 俺(おれ)、あした　釣(つ)りに行(い)こ
うと思(おも)うけど。野村(のむら)もど
う？

나 내일 낚시를 가려고 하는데, 노무라도 갈래?

B: わるい、おれ、明日(あした)はちょっと
用事(ようじ)が…。

미안, 난 내일 좀 일이 있어서….

A: そっか。急(きゅう)だったしな。じゃ、ま
た今度(こんど)。

아 그래. 갑작스럽게 물어 본거라 괜찮아. 그럼
다음 기회에.

---

① 소원한 동년배 여자 B에게 자신의 의지를 이야기할 때

A: あした釣(つ)りに行(い)こうと思(お
も)っているんだけど…。木村(きむら)
さんもどうですか？

내일 낚시를 가려고　생각하는데…. 기무라 씨도
가실래요？

B: ありがとう。せっかくなんだけど、明
日(あした)はちょっと用事(ようじ)があっ
て…。ごめんね。

고마워. 모처럼 좋은 기회였는데, 내일은 좀 일이
있어서 말이에요. 미안해요.

A: あ、いいえ。急(きゅう)に連絡(れんら
く)してしまったし。また今度(こんど)よ
ろしくお願(ねが)いします。

아니요, 괜찮아요. 갑자기 연락해 버린 것도 있으
니까요. 그럼 다음 번엔 부탁 드려요.

② 친한 동년배 여자 B에게 자신의 의지를 이야기할 때

A: あした釣(つ)りに行(い)こうと思(おも)う
んだけど…。ゆかりさんもどう？

내일 낚시를 가려고 하는데. 유카리도 갈래?

B: わあ、残念(ざんねん)。明日(あし
た)は、ちょっと用事(ようじ)があっ
て…。ごめん。

와 안타깝네. 내일은 좀 일이 있어서 말이야. 미
안해.

A: ううん、急(きゅう)だったから。また今
度(こんど)お願(ねが)い。

으음, 갑작스러웠으니까. 그럼 다음 번엔 부탁해.

▌남자 주인공 버전 (A는 20대 중반에서 30대 초반의 남자, B는 동년배 남자)

1 소원한 동년배 남자 B의 생일을 물을 때

A : (　　　　　)さん。お誕生日(たんじょうび)はいつですか？
　　(사람이름)씨. 생일이 언제세요?

B : 誕生日(たんじょうび)ですか。(　　　　　　　)です。
　　생일이요. (날짜)입니다.

A : えっ、そうなんですか。僕(ぼく)、(　　　　　　)なんです。
　　아 그러세요. 전 (날짜)이에요

2 초등학생 남자조카 B의 생일을 물을 때

A : (　　　　　)くん。誕生日(たんじょうび)はいつ？
　　(사람이름). 생일이 언제야?

B : 誕生日(たんじょうび)。(　　　　　　)。
　　생일이요. (날짜).

A : そうなんだ！僕(ぼく)、(　　　　　)。
　　아 그래. 난 (날짜)야.

▌여자 주인공 버전 (A는 20대 중반에서 30대 초반의 여자, B는 동년배 여자)

① 소원한 동년배 여자 B의 생일을 물을 때

A : (　　　　)さん。お誕生日(たんじょうび)はいつですか？
　　(사람이름)씨. 생일이 언제에요?

B : 誕生日(たんじょうび)ですか。(　　　　　)です。
　　생일이요. (날짜)이에요

A : えー、そうなんですか。私(わたし)、(　　　　　)なんです。
　　아 그러세요. 전 (날짜)이에요

② 초등학생 여자조카 B의 생일을 물을 때

A : (　　　　　)ちゃん。誕生日(たんじょうび)はいつ？
　　(사람이름)야. 생일이 언제야?

B : 誕生日(たんじょうび)。(　　　　　)。
　　생일이요. (날짜).

A : えー、そうなの！私(わたし)、(　　　　　)。
　　아 그래. 난 (날짜)야.

말하기 연습

▌남자 주인공 버전 (A는 20대 중반에서 30대 초반의 남자, B는 동년배 남자)

1 친한 동년배 남자 B에게 학회에 대해서 물을 때

A : (　　　　　)。学会(がっかい)はきのうだったっけ？
　　(사람이름). 학회가 어제였었니?

B : いや、おととい。
　　아니. 그제.

A : あ、そうか。勘違(かんちが)いしてた。
　　아 그렇구나. 잘못 알고 있었네.

▌여자 주인공 버전 (A는 20대 중반에서 30대 초반의 여자, B는 동년배 여자)

① 친한 동년배 여자 B에게 학회에 대해서 물을 때

A : (　　　　　)。学会(がっかい)、きのうだったっけ？
　　(사람이름). 학회 어제였던가?

B : ううん、おととい。
　　아니. 그제.

A : そっか…。勘違(かんちが)いしてたわ。ありがとう。
　　그렇구나. 잘못 알고 있었네. 고마워。

ソーキそば(沖縄(おきなわ)の名物(めいぶつ))

말하기 연습

권유표현 I

▌남자 주인공 버전 (A는 20대 중반에서 30대 초반의 남자, B는 동년배 남자)

1 소원한 동년배 남자 B에게 자신의 의지를 이야기할 때

A : (　　　)(　　　　　)に行こうと思(おも)っているんですが。(　　　　)さんも

どうですか？

　(날짜) (명사)를 가려고 생각합니다만. (사람이름)씨도 가실래요?

B : ごめん。せっかく誘(さそ)ってもらったのに。

　미안. 모처럼 같이 가자고 했는데….

A : いえいえ、急(きゅう)だったので…。じゃあ、また今度(こんど)。

　아니에요. 급하게 얘기한 거니까요… 그럼 다음 기회에.

2 친한 동년배 남자 B에게 자신의 의지를 이야기할 때

A : 俺(おれ)、(　　　　)(　　　　　)に行(い)こうと思(おも)うけど。(　　　)もどう？

　나 (날짜) (명사)를 가려고 하는데, (사람이름)도 갈래?

B : わるい、おれ、(　　　　)はちょっと用事(ようじ)が…。

　미안, 난 (날짜) 좀 일이 있어서….

A : そっか。急(きゅう)だったしな。じゃ、また今度(こんど)。

　아 그래. 갑작스럽게 물어 본거라 괜찮아. 자 그럼 다음 기회에.

おでん

▌여자 주인공 버전 (A는 20대 중반에서 30대 초반의 여자, B는 동년배 여자)

① 소원한 동년배 여자 B에게 자신의 의지를 이야기할 때

A : (　　　　)(　　　　　)に行(い)こうと思(おも)っているんだけど…。(　　　　)さんもどう
　　ですか？
　　(날짜) (명사)를 가려고　생각하는데… (사람이름)상도 가실래요?

B : ありがとう。せっかくなんだけど、(　　　　　)はちょっと用事(ようじ)があって…。
　　ごめんね。
　　고마워. 모처럼 좋은 기회였는데, (날짜)은/는 좀 일이 있어서 말이에요. 미안해요.

A : あ、いいえ。急(きゅう)に連絡(れんらく)してしまったし。また今度(こんど)よろしくお願
　　(ねが)いします。
　　아니요, 괜찮아요. 갑자기 연락해 버린 것도 있으니까요. 그럼 다음 번엔 부탁드려요.

② 친한 동년배 여자 B에게 자신의 의지를 이야기할 때

A : (　　　　)(　　　　　)に行(い)こうと思(おも)うんだけど…。(　　　　　)さんもどう？
　　(날짜) (명사)를 가려고 하는데. (사람이름)도 갈래?

B : わあ、残念(ざんねん)。(　　　　　)は、ちょっと用事(ようじ)があって…。ごめん。
　　와 안타깝네. (날짜)은/는 좀 일이 있어서 말이야. 미안해.

A : ううん、急(きゅう)だったから。また今度(こんど)お願(ねが)い。
　　으음, 갑작스러웠으니까. 그럼 다음 번엔 부탁해.

ねぎとろ丼(静岡(しずおか)の名物(めいぶつ))

방언으로 듣는 모모타로우

▎山口県(やまぐちけん)山口市(やまぐちし) 화자의 모모타로우 

ムカシムカシアルトコロニ　ジーチャント　バーチャンガ　オッタイノー
옛날 옛날 어떤 곳에　　　　할아버지와　할머니가　　　있었습니다.

ジーチャンハ　ヤマヘ　シバカリニ　バーチャンハ　カワヘ　センタクニ
할아버지는　　산에　나무하러　할머니는　　　개울에　빨래를
イッチャッタトイノー
하러 갔습니다.

バーチャンガ　センタクヲシチョルト　カミノホウカラ　オッキナモモガ
할머니가　　　빨래를 하고 있는데　　냇가 윗쪽에서　커다란 복숭아가

ドンブラコ　ドンブラコト　ナガレテキヨッタ
둥실 둥실　　　　　　　　떠내려 왔습니다.

バーチャンハ　ソノモモヲヒローテ　ウチヘ　インジャッタ
할머니는　　　그 복숭아를 주워서　집으로　돌아왔습니다.

バーチャンガ　モモヲキロウトシタラ　モモガ　フタツニワレチャッテ
할머니가　　　복숭아를 자르려고 하자　복숭아가 두 개로 갈라져

ナカカラ　オオキナオトコノコガ　ウマレチャッタ
안에서　　커다란 남자아이가　　　태어났습니다.

ジーチャント　バーチャンハ　ソノコニ　モモタロウトイウナヲ　ツケチャッタソウナ
할아버지와　할머니는　　　　그 아이에게　모모타로우라고 하는 이름을 붙였습니다.

- ジーチャン おじいさん。할아버지.

- バーチャン おばあさん。할머니.

- イッチャッタトイノー 行ったそうだ。갔다고 한다. トイノー는 「～(だ)そうだ -다고 한다」의 뜻.

- インジャッタ 帰った。돌아왔다. イヌル는 「帰る 돌아오다」의 뜻.

- 「オッタイノー」와 같이 「居る」를 「オル」라고 함. 이처럼 「オル」는 西日本에서 널리 사용되고 있음.

- 「シチョル」(している 하고 있다)、「キヨッタ」(来た 왔다)와 같이 진행, 계속을 나타내는 チョル나 ヨル를 사용함.

- 「ヒローテ」(拾って)와 같이 동사의 ウ音便形이 보임. 西日本方言의 특색.

佐藤亮一(さとうりょういち)監修(2002)『方言の地図帳』小学館より

第11課

허가표현과 금지표현

[학습내용]

- □ 정중한 허가표현
- □ 보통의 허가표현
- □ 정중한 금지표현
- □ 보통의 금지표현

ご飯

☐ 今回(こんかい)	이 번		☐ 門(もん)	대문
☐ ポスター	포스터		☐ 開(あ)ける	열다
☐ 雑誌(ざっし)	잡지		☐ 返(かえ)す	반납하다
☐ 記念集(きねんしゅう)	기념집		☐ 忙(いそが)しい	바쁘다
☐ 画集(がしゅう)	화집		☐ 頼(たの)む	부탁하다
☐ 写真集(しゃしんしゅう)	사진집		☐ 直接(ちょくせつ)	직접
☐ 本(ほん)	책		☐ 代(か)わりに	대신
☐ 使(つか)う	사용하다		☐ 借(か)りる	빌리다
☐ 構(かま)いません	괜찮습니다		☐ ～ではいけません	
☐ できる	완성되다			-아서/여서는 안 됩니다
☐ お前(まえ)	너(2인칭 대명사, 남자만 씀)		☐ ～じゃいけない	-아서/여서는 안 된다
☐ 窓(まど)	창		☐ ～じゃだめ	-아서/여서는 안 돼
☐ ドア	문		☐ ～だって	-래

えだまめ
枝豆

野村(のむら)先生(せんせい)。実(じつ)は、今回(こんかい)のポスターに先生(せんせい)の写真(しゃしん)を使(つか)わせていただきたいんですが…。構(かま)いませんか？

ああ、使(つか)ってもいいですよ。できたら見(み)せてくださいね。

はい、分(わ)かりました。ありがとうございます。

한국어 역

A : 노무라 선생님. 실은 이번 포스터에 선생님 사진을 사용하고 싶습니다만…. 괜찮으시겠습니까?
B : 응, 사용해도 좋아요. 완성되면 보여줘요.
A : 예 알겠습니다. 감사합니다.

木村(きむら)先生(せんせい)。実(じつ)は、今回(こんかい)のポスターに先生(せんせい)の写真(しゃしん)を使(つか)わせていただきたいんですが…。構(かま)いませんか？

ええ、使(つか)ってもいいですよ。できたら見(み)せてくださいね。

はい、分(わ)かりました。ありがとうございます。

한국어 역

A : 기무라 선생님. 실은 이번 포스터에 선생님 사진을 사용하고 싶습니다만…. 괜찮으시겠습니까?
B : 예, 사용해도 좋아요. 완성되면 보여줘요.
A : 예 알겠습니다. 감사합니다.

포인트 체크

→ **허가표현**

- 정중한 평서문: 동사+てもいいです (−아/어도 좋습니다)

  예) 使(つか)ってもいいです。 사용해도 좋습니다.

- 보통의 평서문: 동사+てもいい (−아/어도 좋다)

  예) 使(つか)ってもいい。 사용해도 좋다.

- 정중한 의문문: 동사+てもいいですか? (−아/어도 좋습니까?)

  예) 使ってもいいですか。 사용해도 좋습니까?

- 보통의 의문문: 동사+てもいい? (−아/어도 좋니?)

  예) 使ってもいい? 사용해도 좋니?

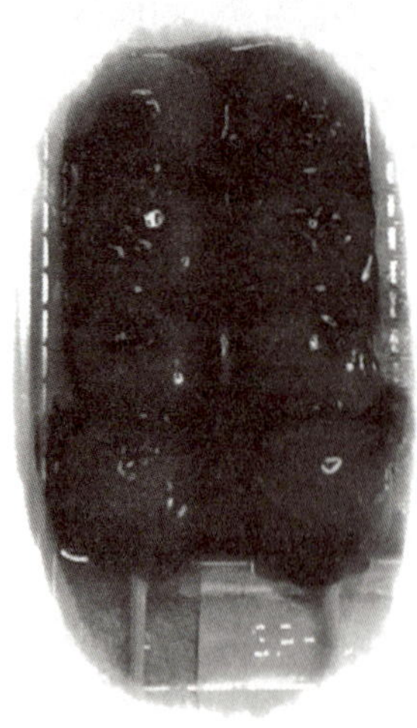

みたらしだんご

バリエーション 1

いろいろなバリエーションで練習しよう

남자주인공 버전
(A는20대 중반에서 30대 초반의 남자)

1 소원한 손윗 남자 선생님께 선생님 자신의 사진을 사용해도 되는지 물을 때

A：野村(のむら)先生(せんせい)。実(じ
つ)は、今回(こんかい)のポスターに
先生(せんせい)の写真(しゃしん)を
使(つか)わせていただきたいんです
が…。構(かま)いませんか？

> 노무라 선생님. 실은 이번 포스터에 선생님 사진
> 을 사용하고 싶습니다만…. 괜찮으시겠습니까?

B：ああ、使(つか)ってもいいですよ。で
きたら見(み)せてくださいね。

> 응, 사용해도 좋아요. 완성되면 보여줘요.

A：はい、分(わ)かりました。ありがとうご
ざいます。

> 예 알겠습니다. 감사합니다.

---

2. 친한 동년배 남자에게 자신의 사진을 사용해도 되는지 물을 때

A：たもつ。今回(こんかい)のポスター
に、写真(しゃしん)、使(つか)っても
いいかな？

> 다모쯔. 이번 포스터에 네 사진을 사용해도 괜찮
> 겠나?

B：ああ、使(つか)ってもいいよ。できた
ら見(み)せてくれよ。

> 응, 사용해도 돼. 완성되면 보여줘.

A：ああ、分(わ)かった。ありがとう。

> 응 알았다. 고마워.

여자주인공 버전
(A는20대 중반에서 30대 초반의 여자)

① 소원한 손윗 여자 선생님께 선생님 자신의 사진을 사용해도 되는지 물을 때

A：木村(きむら)先生(せんせい)。実(じ
つ)は、今回(こんかい)のポスターに
先生(せんせい)の写真(しゃしん)を
使(つか)わせていただきたいんです
が…。構(かま)いませんか？

> 기무라 선생님. 실은 이번 포스터에 선생님 사진
> 을 사용하고 싶습니다만…. 괜찮으시겠습니까?

B：ええ、使(つか)ってもいいですよ。で
きたら見(み)せてくださいね。

> 예, 사용해도 좋아요. 완성되면 보여줘요.

A：はい、分(わ)かりました。ありがとうご
ざいます。

> 예 알겠습니다. 감사합니다

---

② 친한 동년배 여자에게 본인의 사진을 사용해도 되는지 물을 때

A：ゆかり。今回(こんかい)のポスター
に、写真(しゃしん)、使(つか)っても
いい？

> 유카리. 이번 포스터에 네 사진, 사용해도 괜찮겠
> 니?

B：うん、使(つか)ってもいいよ。できたら
見(み)せてね。

> 응, 사용해도 돼. 완성되면 보여줘.

A：うん、分(わ)かった。ありがとう。

> 응 알았어. 고마워.

野村(のむら)さん。窓(まど)を開(あ)けてもいいですか？

いいですよ。どうぞ。

どうもありがとうございます。

한국어 역
A ： 노무라씨. 창문 열어도 괜찮겠습니까?
B ： 괜찮습니다. 여십시오.
A ： 고맙습니다.

木村(きむら)さん。窓(まど)を開(あ)けてもいいですか？

いいですよ。どうぞ。

どうもありがとうございます。

한국어 역
A ： 기무라씨. 창문 열어도 괜찮겠어요?
B ： 괜찮아요. 여세요
A ： 고마워요.

バリエーション 2 いろいろなバリエーションで練習しよう

남자주인공 버전	여자주인공 버전
(A는20대 중반에서 30대 초반의 남자)	(A는20대 중반에서 30대 초반의 여자)

1 소원한 동년배 B에게 창문을 열어도 되는지 물을 때

A：野村(のむら)さん。窓(まど)を開(あ)
けてもいいですか？
　　노무라씨. 창문 열어도 괜찮겠습니까?

B：いいですよ。どうぞ。
　　괜찮습니다. 여십시오.

A：どうもありがとうございます。
　　고맙습니다.

2 친한 동년배 B에게 창문을 열어도 되는지 물을 때

A：たもつ。窓(まど)、開(あ)けても
いい？
　　다모쯔. 창문 열어도 돼?

B：ああ、いいよ。
　　응 괜찮아.

A：どうも。
　　고맙다.

① 소원한 동년배 B에게 창문을 열어도 되는지 물을 때

A：木村(きむら)さん。窓(まど)を開(あ)
けてもいいですか？
　　기무라씨. 창문 열어도 괜찮겠어요?

B：いいですよ。どうぞ。
　　괜찮아요. 여세요.

A：どうもありがとうございます。
　　고마워요

② 친한 동년배 B에게 창문을 열어도 되는지 물을 때

A：ゆかり、窓(まど)、開(あ)けても
いい？
　　유카리. 창문 열어도 괜찮니?

B：うん、いいよ。
　　응, 괜찮아.

A：ありがとう。
　　고마워

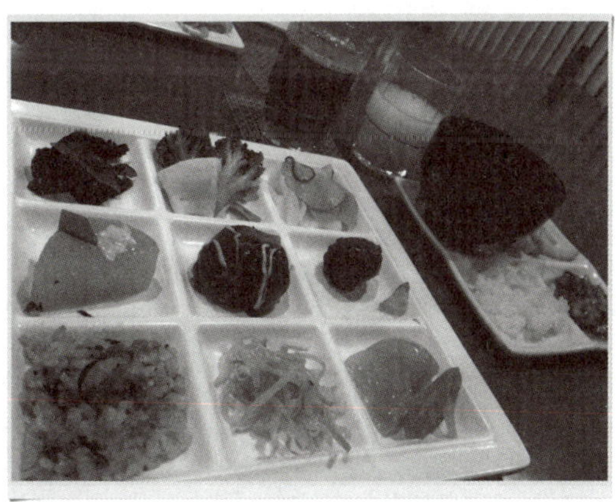

自然食(しぜんしょく)ビュッフェ

KY式 日本語

[ND]=Ningentoshite Douyo (人間としてどうよ)

어떤 사람의 언동이나 생각이, 인간성이라고 하는 관점에서 문제가 있는 것이 아닐까라고 하는 질문.

バスなんて、小銭がなくって…とか言えば大低タダで乗れるぜ。

버스는 말이야, 동전이 없어서 하고 말하면, 대개 그냥 탈 수 있어.

いい年してそういうのってND?

나이는 들어서 그런 거, 인간으로서 어떻게 생각해?

• 상식이 벗어난 행위나 사항에 대한 지적, 놀람의 표현으로서도 사용됨.

ここ3日間で食ったのカップラーメンだけ。

이번 3일간 먹은 게, 컵라면 뿐이야.

それってND?

그게 인간적으로 괜찮니?

北原保雄編著(2008)『KY式日本語』大修館書店より

あ、佐藤(さとう)くん、その本(ほん)、ちゃんと返(かえ)しに行(い)ってくださいね。

わかりました。あ、先生(せんせい)。今日(きょう)は、ちょっと忙(いそが)しいので、友達(ともだち)に頼(たの)んでもいいですか?

あ、その本(ほん)は人(ひと)に頼(たの)んではいけません。直接(ちょくせつ)佐藤(さとう)くんが返(かえ)しに行(い)ってください。

한국어 역　A : 아, 사토군, 그 책, 확실하게 반납하러 가 줘요.
　　　　　B : 알겠습니다. 아! 선생님. 오늘은 바빠서 친구한테 부탁해도 괜찮을까요?
　　　　　A : 아, 그 책은 남에게 부탁해서는 안돼요. 직접 사토군이 반납하러 가 줘요.

あ、木村(きむら)さん、その本(ほん)、ちゃんと返(かえ)しに行(い)ってくださいね。

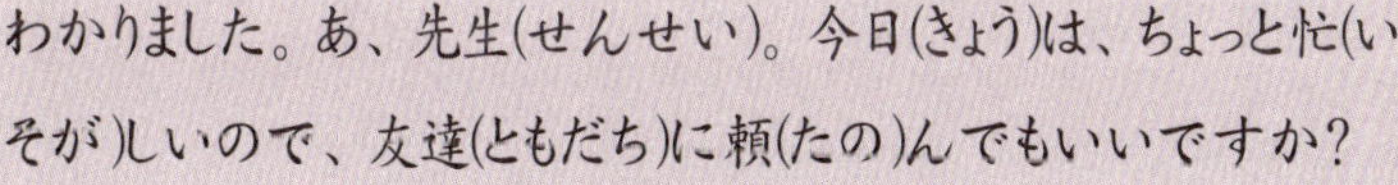

わかりました。あ、先生(せんせい)。今日(きょう)は、ちょっと忙(いそが)しいので、友達(ともだち)に頼(たの)んでもいいですか?

あ、その本(ほん)は人(ひと)に頼(たの)んではいけません。直接(ちょくせつ)木村(きむら)さんが返(かえ)しに行(い)ってください。お願(ねが)いします。

한국어 역　A : 아, 기무라, 그 책, 확실하게 반납하러 가 줘요.
　　　　　B : 알겠습니다. 아! 선생님. 오늘은 바빠서 친구한테 부탁해도 괜찮을까요?
　　　　　A : 아, 그 책은 남에게 부탁해서는 안돼요. 직접 기무라가 반납하러 가 줘요.

🡒 **금지표현**

[명사]

- 정중형 : 명사+ではいけません (-어/여서는 안 됩니다)

  예) 明日(あした)ではいけません。 내일이어서는 안 됩니다.

- 보통형 : 명사+ではいけない (-어/여서는 안 된다)

  예) 明日(あした)ではいけない。 내일이어서는 안 된다.

- 보통형(회화체) : 명사+じゃいけない (-어/여서는 안 된다)

  예) 明日(あした)じゃいけない。 내일이어서는 안 된다.

[동사]

- 정중형: 동사+てはいけません (-아/어서는 안 됩니다)

  예) 行(い)ってはいけません。 가서는 안 됩니다.

- 보통형: 동사+てはいけない (-아/어서는 안 된다)

  예) 行(い)ってはいけない。 가서는 안 된다.

- 보통형(회화체): 동사+ちゃいけない (-어/여서는 안 된다)

  예) 行(い)っちゃいけない。 가서는 안 된다.

バリエーション3 いろいろなバリエーションで練習しよう

<table>
<tr><td>

남자주인공 버전
(A는20대 중반에서 30대 초반의 남자)

</td><td>

여자주인공 버전
(A는20대 중반에서 30대 초반의 여자)

</td></tr>
</table>

1 아는 손윗 남자 선생님의 부탁을 다른 사람에게 부탁해도 되는 지를 물을 때

A：あ、佐藤（さとう）くん、その本（ほん）、ちゃんと返（かえ）しに行（い）ってくださいね。

　　아, 사토군, 그 책, 확실하게 반납하러 가 줘요.

B：わかりました。あ、先生（せんせい）。今日（きょう）は、ちょっと忙（いそが）しいので、友達（ともだち）に頼（たの）んでもいいですか？

　　알겠습니다. 아! 선생님. 오늘은 바빠서 친구한테 부탁해도 괜찮을까요?

A：あ、その本（ほん）は人（ひと）に頼（たの）んではいけません。直接（ちょくせつ）佐藤（さとう）くんが返（かえ）しに行（い）ってください。

　　아, 그 책은 남에게 부탁해서는 안돼요. 직접 사토군이 반납하러 가 줘요.

---

2 친한 동년배 남자의 부탁을 다른 친한 동년배 남자에게 부탁해도 되는지 물을 때

A：あ、たもつ、その本（ほん）、ちゃんと返（かえ）しに行（い）ってね。

　　아, 다모쯔. 그 책, 확실하게 반납하러 가라.

B：わかった。けど、今日（きょう）は、忙（いそが）しいから代（か）わりにたくやに頼（たの）んでもいい？

　　알았어. 그런데, 오늘은 바빠서 대신 다쿠야에게 부탁해도 되니?

A：その本、人（ひと）に頼（たの）んじゃいけないんだ。借（か）りた人（ひと）が返（かえ）さなきゃいけないって。

　　그 책, 남한테 부탁하면 안 돼. 빌린 사람이 반납하지 않으면 안 된대.

---

① 아는 손윗 여자 선생님의 부탁을 다른 사람에게 부탁해도 되는 자를 물을 때

A：あ、木村（きむら）さん、その本（ほん）、ちゃんと返（かえ）しに行（い）ってくださいね。

　　아, 기무라, 그 책, 확실하게 반납하러 가 줘요.

B：わかりました。あ、先生（せんせい）。今日（きょう）は、ちょっと忙（いそが）しいので、友達（ともだち）に頼（たの）んでもいいですか？

　　알겠습니다. 아! 선생님. 오늘은 바빠서 친구한테 부탁해도 괜찮을까요?

A：あ、その本（ほん）は人（ひと）に頼（たの）んではいけません。直接（ちょくせつ）木村（きむら）さんが返（かえ）しに行（い）ってください。

　　아, 그 책은 남에게 부탁해서는 안돼요. 직접 기무라가 반납하러 가 줘요.

---

② 친한 동년배 여자의 부탁을 다른 친한 동년배 여자에게 부탁해도 되는지 물을 때

A：あ、ゆかり、その本（ほん）、ちゃんと返（かえ）しに行（い）ってね。

　　아! 유카리. 그 책, 확실하게 반납하러 가줘.

B：わかった。けど、今日（きょう）は、忙（いそが）しいから代（か）わりにひとみに頼（たの）んでもいい？

　　알았어. 그런데, 오늘은 바빠서 대신 히토미에게 부탁해도 되니?

A：その本、人（ひと）に頼（たの）んじゃだめって。借（か）りた人（ひと）が返（かえ）さなきゃいけないって。

　　그 책, 남한테 부탁하면 안된대. 빌린 사람이 반납하지 않으면 안 된대.

▮ 남자 주인공 버전 (A는 20대 중반에서 30대 초반의 남자, B는 동년배 남자)

1 소원한 손윗 남자 선생님께 선생님 자신의 사진을 사용해도 되는지 물을 때

A：（　　　）先生(せんせい)。実(じつ)は、今回(こんかい)の（　　　）に先生(せんせい)の写真(しゃしん)を使(つか)わせていただきたいんですが…。構(かま)いませんか？
　　　　（ 사람이름) 선생님. 실은 이번 (명사)에 선생님 사진을 사용하고 싶습니다만…. 괜찮으시겠습니까?

B：ああ、使(つか)ってもいいですよ。できたら見(み)せてくださいね。
　　　　응, 사용해도 좋아요. 완성되면 보여줘요.

A：はい、分(わ)かりました。ありがとうございます。
　　　　예 알겠습니다. 감사합니다.

2 한 동년배 남자에게 자신의 사진을 사용해도 되는지 물을 때

A：たもつ。今回(こんかい)の（　　　）に、写真(しゃしん)、使(つか)ってもいいかな？
　　　　(사람이름). 이번 (명사)에 네 사진을 사용해도 괜찮겠냐?

B：ああ、使(つか)ってもいいよ。できたら見(み)せてくれよ。
　　　　응, 사용해도 돼. 완성되면 보여줘.

A：ああ、分(わ)かった。ありがとう。
　　　　응 알았다. 고마워

▮ 여자 주인공 버전 (A는 20대 중반에서 30대 초반의 여자, B는 동년배 여자)

① 소원한 손윗 여자 선생님께 선생님 자신의 사진을 사용해도 되는지 물을 때

A：（　　　）先生(せんせい)。実(じつ)は、今回(こんかい)の（　　　）に先生(せんせい)の写真(しゃしん)を使(つか)わせていただきたいんですが…。構(かま)いませんか？
　　　　（ 사람이름) 선생님. 실은 이번 (명사)에 선생님 사진을 사용하고 싶습니다만…. 괜찮으시겠습니까?

B：ええ、使(つか)ってもいいですよ。できたら見(み)せてくださいね。
　　　　예, 사용해도 좋아요. 완성되면 보여줘요.

A：はい、分(わ)かりました。ありがとうございます。
　　　　예 알겠습니다. 감사합니다

② 친한 동년배 여자에게 본인의 사진을 사용해도 되는지 물을 때

A：（　　　）。今回(こんかい)の（　　　）に、写真(しゃしん)、使(つか)ってもいい？
　　　　(사람이름). 이번 (명사)에 네 사진, 사용해도 괜찮겠니?

B：うん、使(つか)ってもいいよ。できたら見(み)せてね。
　　　　응, 사용해도 돼. 완성되면 보여줘.

A：うん、分(わ)かった。ありがとう。
　　　　응 알았어. 고마워.

말하기 연습

▌남자 주인공 버전 (A는 20대 중반에서 30대 초반의 남자, B는 동년배 남자)

1 소원한 동년배 남자 B에게 무엇인가를 열어도 되는지 물을 때

A：（　　　　　）さん。（　　　　）を開（あ）けてもいいですか？
（ 사람이름)씨. (명사) 열어도 괜찮겠습니까?

B：いいですよ。どうぞ。
괜찮습니다. 여십시오.

A：どうもありがとうございます。
고맙습니다.

2 친한 동년배 남자 B에게 무엇인가를 열어도 되는지 물을 때

A：（　　　　　）。（　　　　　）、開（あ）けてもいい？
（ 사람이름). (명사) 열어도 돼?

B：ああ、いいよ。
응 괜찮아.

A：どうも。
고맙다.

▌여자 주인공 버전 (A는 20대 중반에서 30대 초반의 여자, B는 동년배 여자)

① 소원한 동년배 여자 B에게 무엇인가를 열어도 되는지 물을 때

A：（　　　　）さん。（　　　　　）を開（あ）けてもいいですか？
（ 사람이름)씨. (명사) 열어도 괜찮겠어요?

B：いいですよ。どうぞ。
괜찮아요. 여세요.

A：どうもありがとうございます。
고마워요

② 친한 동년배 여자 B에게 무엇인가를 열어도 되는지 물을 때

A：（　　　　　）、（　　　　　）、開（あ）けてもいい？
（ 사람이름). (명사) 열어도 괜찮니?

B：うん、いいわよ。
응, 괜찮아.

A：ありがとう。
고마워.

▌남자 주인공 버전 (A는 20대 중반에서 30대 초반의 남자, B는 동년배 남자)

1 아는 손윗 남자 선생님의 부탁을 다른 사람에게 부탁해도 되는 지를 물을 때

A：あ、（　　　　　　）くん、その 本(ほん)、ちゃんと返(かえ)しに 行(い)ってくださいね。

아, (사람이름)군, 그 책, 확실하게 반납하러 가 줘요.

B：わかりました。あ、先生(せんせい)。今日(きょう)はちょっと忙(いそが)しいので、友達(ともだち)に頼(たの)んでもいいですか？

알겠습니다. 아! 선생님. 오늘은 바빠서 친구한테 부탁해도 괜찮을까요?

A：あ、その 本(ほん)は 人(ひと)に 頼(たの)んではいけません。直接(ちょくせつ)（　　　）くんが 返(かえ)しに 行(い)ってください。

아, 그 책은 남에게 부탁해서는 안돼요. 직접 (사람)군이 반납하러 가 줘요.

2 친한 동년배 남자의 부탁을 다른 친한 동년배 남자에게 부탁해도 되는지 물을 때

A：あ、（　　　　　　）、その 本(ほん)、ちゃんと返(かえ)しに 行(い)ってね。

아, (사람이름1). 그 책, 확실하게 반납하러 가라.

B：わかった。けど、今日(きょう)は、忙(いそが)しいから代(か)わりに（　　　　　）に 頼(たの)んでもいい？

알았어. 그런데, 오늘은 바빠서 대신 (사람이름2)에게 부탁해도 되니?

A：その 本、（　　　　　　）に 頼(たの)んじゃいけないんだ。借(か)りた 人(ひと)が 返(かえ)さなきゃいけないって。

그 책, (사람이름2)한테 부탁하면 안 돼. 빌린 사람이 반납하지 않으면 안 된대.

こだいまい ていしょく　な　ら けん
古代米定食(奈良県)

┃ 여자 주인공 버전 (A는 20대 중반에서 30대 초반의 여자, B는 동년배 여자)

① 아는 손윗 여자 선생님의 부탁을 다른 사람에게 부탁해도 되는 지를 물을 때

A : あ、（　　　　　）さん、その本（ほん）、ちゃんと返（かえ）しに行（い）ってくださいね。
　　　아, (사람이름), 그 책, 확실하게 반납하러 가 줘요.

B : わかりました。あ、先生（せんせい）。今日（きょう）はちょっと忙（いそが）しいので、友
　　達（ともだち）に頼（たの）んでもいいですか？
　　　알겠습니다. 아! 선생님. 오늘은 바빠서 친구한테 부탁해도 괜찮을까요?

A : あ、その本（ほん）は人（ひと）に頼（たの）んではいけません。直接（ちょくせつ）
　　（　　　　　）さんが返（かえ）しに行（い）ってください。
　　　아, 그 책은 남에게 부탁해서는 안돼요. 직접 (사람이름)이 반납하러 가 줘요.

② 친한 동년배 여자의 부탁을 다른 친한 동년배 여자에게 부탁해도 되는지 물을 때

A : あ、（　　　　　）、その本（ほん）、ちゃんと返（かえ）しに行（い）ってね。
　　　아! (사람이름1). 그 책, 확실하게 반납하러 가줘.

B : わかった。けど、今日（きょう）は、忙（いそが）しいから代（か）わりに（　　　　　）に
　　頼（たの）んでもいい？
　　　알았어. 그런데, 오늘은 바빠서 대신 (사람이름2)에게 부탁해도 되니?

A : その本（ほん）、（　　　　　）に頼（たの）んじゃだめって。借（か）りた人（ひと）が返（かえ）さなきゃ
　　いけないって。
　　　그 책, (사람이름2)한테 부탁하면 안된대. 빌린 사람이 반납하지 않으면 안 된대.

カフェのモーニング

방언으로 듣는 모모타로우

▌福岡県(ふくおかけん)福岡市(ふくおかし) 화자의 모모타로우 

ムカーシ ムカシ アルトコロニナ オジーサント オバーサンガ オンシャットイナ
옛날   옛날   어떤 곳에   할아버지와   할머니가   있었습니다.

オジーサンナ ヤマヘ シバカリニ オバーサンナ カワイ
할아버지는   산에   나무하러   할머니는   개울에

シェンタクニ イキンシャツタゲナ
빨래를 하러 갔습니다.

オバーサンナ シェンタクバ シュンショッタラ カワノウエノホウカラ オオキイモモ
할머니가   빨래를 하고 있는데   냇가 윗쪽에서   커다란 복숭아가

ドンブリコ ドンブリコッテ ナガレテキタゲナ
둥실   둥실   떠내려 왔습니다.

オバーサンナ ソノモモバ ヒロオテ ウチイ カインシャッタギナド
할머니는   그 복숭아를 주워서   집으로 돌아왔습니다.

オバーサンナ モモバキロウトシンシャッタラ モモダ マップタツニワレテ
할머니가   복숭아를 자르려고 하자   복숭아가 두 개로 갈라져

ナカカラ オオキイ オトコノコドモガ ウマレテキンシャッタゲナ
안에서   커다란   남자아이가   태어났습니다.

オジーサント オバーサンナ ソノコドモイ モモタロウチュウ ナマエバ
할아버지와   할머니는   그 아이에게   모모타로우라고 하는 이름을

ツケンシャッタゲナ
붙였습니다.

- 「オンシャッタゲナ」(おられたそうだ 계셨다고 한다),「イキンシャッタゲナ」(行かれたそうだ 가셨다고 한다)와 같이, 존경을 나타내는 「〜ンシャル」나 전문을 나타내는 「〜ゲナ」를 이용함.

- 「オジーサンナ」「オバーサンナ」와 같이, 조사 「は」에 해당하는 부분이 앞의 「ン」음과 융합해서 「ナ」로 되어 있음.

- 「シェンタクバ」(洗濯を 빨래를)과 같이 「を」에 해당하는 조사 「バ」를 이용한다. 또한 공통어 「セ」를 「シェ」로 발음함.

佐藤亮一(さとうりょういち)監修(2002)『方言の地図帳』小学館より

MEMO

第12課

의무표현과 경험표현

[학습내용]

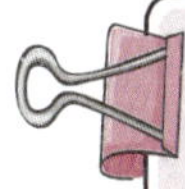

- □ 정중한 의무표현
- □ 보통의 의무표현
- □ 정중한 경험표현
- □ 보통의 경험표현

ご飯 : 炊き込みご飯

☐ 何時(なんじ)	몇 시	
☐ 起(お)きる	일어나다	
☐ ～なければなりません		
	-지 않으면 안됩니다	
☐ 会議(かいぎ)	회의	
☐ 大変(たいへん)だ	힘들다	
☐ 発表(はっぴょう)	발표	
☐ 午後(ごご)	오후	
☐ 午前(ごぜん)	오전	
☐ 午前中(ごぜんちゅう)	오전 중	
☐ だから	때문에	
☐ 寝(ね)る	자다	
☐ 行(い)く	가다	

☐ ～ないといけません	
	-지 않으면 안됩니다
☐ ～たことがありますか	
	-ㄴ/은 적이 있습니까?
☐ とても	꽤
☐ よかった	좋았다
☐ 国(くに)	나라
☐ 日本(にほん)	일본
☐ 中国(ちゅうごく)	중국
☐ ドイツ	독일
☐ フランス	프랑스
☐ アメリカ	미국

パンナコッタ

 野村(のむら)さん、明日(あした)は何時(なんじ)に起(お)きますか？

 明日(あした)は六時(ろくじ)に起(お)きなければなりません。会議(かいぎ)があるので…。

 ああ、そうですか。大変(たいへん)ですね。

한국어 역
A : 노무라씨. 내일 몇 시에 일어납니까?
B : 내일은 6시에 일어나지 않으면 안됩니다. 회의가 있어서요.
A : 아 그렇습니까. 힘드시겠네요.

 木村(きむら)さん、明日(あした)は何時(なんじ)に起(お)きますか？

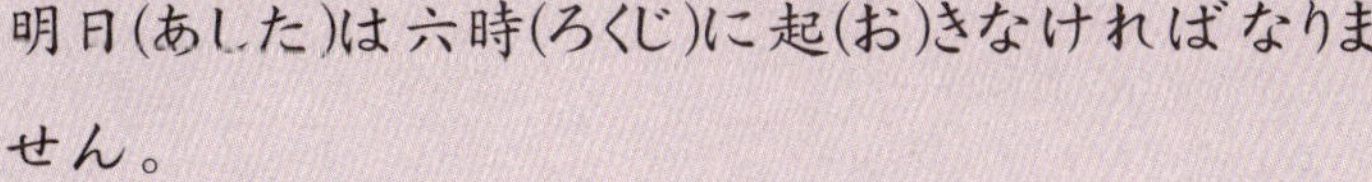 明日(あした)は六時(ろくじ)に起(お)きなければなりません。

 ああ、そうですか。大変(たいへん)ですね。

한국어 역
A : 기무라씨. 내일 몇 시에 일어나세요?
B : 내일은 6시에 일어나지 않으면 안 돼요. 회의가 있어서요.
A : 아 그러세요. 힘드시겠네요.

포인트 체크

➲ 의무표현 Ⅰ

- 정중표현: 동사(미연형)+なければなりません (−지 않으면 안됩니다)

  예)　行(い)かなければなりません。　　가지 않으면 안 됩니다.

  　　起(お)きなければなりません。　　일어나지 않으면 안 됩니다.

  　　しなければなりません。　　　　하지 않으면 안 됩니다.

  　　来(こ)なければなりません。　　오지 않으면 안 됩니다.

- 보통표현: 동사(미연형)+なければならない (−지 않으면 안 된다)

  예)　行(い)かなければならない。　　가지 않으면 안 된다.

  　　起(お)きなければならない。　　일어나지 않으면 안 된다.

  　　しなければならない。　　　　하지 않으면 안 된다.

  　　来(こ)なければならない。　　오지 않으면 안 된다.

➲ な형용사의 활용

기본형(사전형) 大変(たいへん)だ 힘들다

	현재 보통표현	현재 정중표현
부정형	たいへんではない 힘들지 않다	たいへんではないです /たいへんではありません 힘들지 않습니다
연체형	たいへんな時(とき) 힘들 때	
종지형	たいへんだ 힘들다	たいへんです 힘듭니다
가정형	たいへんならば 힘들면	

バリエーション 1

いろいろなバリエーションで練習しよう

<table>
<tr><td>

남자주인공 버전
(A는20대 중반에서 30대 초반의 남자)

1 소원한 동년배 남자에게 몇 시에 일어날 지를 물을 때

A：野村(のむら)さん、明日(あした)は何時(なんじ)に起(お)きますか？

노무라씨. 내일 몇 시에 일어납니까?

B：明日(あした)は六時(ろくじ)に起(お)きなければなりません。

会議(かいぎ)があるので…。

내일은 6시에 일어나지 않으면 안됩니다. 회의가 있어서요.

A：ああ、そうですか。大変(たいへん)ですね。

아 그렇습니까. 힘드시겠네요.

---

2 친한 동년배 남자에게 몇 시에 일어날 지를 물을 때

A：たもつ、明日(あした)何時(なんじ)に起(お)きる？

다모쯔. 내일 몇 시에 일어나니?

B：明日(あした)は六時(ろくじ)に起(お)きなきゃ…。会議(かいぎ)があるんだ。

내일은 6시에 일어나지 않으면 안돼. 회의가 있어.

A：ああ、そう。大変(たいへん)だな。

아 그래. 힘들겠네.

</td><td>

여자주인공 버전
(A는20대 중반에서 30대 초반의 여자)

① 소원한 동년배 여자에게 몇 시에 일어날 지를 물을 때

A：木村(きむら)さん、明日(あした)は何時(なんじ)に起(お)きますか？

기무라씨. 내일 몇 시에 일어나세요?

B：明日(あした)は六時(ろくじ)に起(お)きなければなりません。

会議(かいぎ)があるので…。

내일은 6시에 일어나지 않으면 안 돼요. 회의가 있어서요.

A：ああ、そうですか。大変(たいへん)ですね。

아 그러세요. 힘드시겠네요.

---

② 친한 동년배 여자에게 몇 시에 일어날 지를 물을 때

A：ゆかり、明日(あした)は何時(なんじ)に起(お)きる？

유카리. 내일 몇 시에 일어나니?

B：明日(あした)は六時(ろくじ)に起(お)きなきゃ…。会議(かいぎ)があるの。

내일은 6시에 일어나지 않으면 안 돼. 회의가 있어.

A：ああ、そう。大変(たいへん)だね。

아 그래. 힘들겠네.

</td></tr>
</table>

野村(のむら)さん、明日(あした)の発表(はっぴょう)は午後(ごご)ですか?

いいえ、午前中(ごぜんちゅう)です。だから、今日(きょう)は、はやく帰(かえ)らないといけないんです。

ああ、そうですか。

한국어 역
A : 노무라씨. 내일 발표는 오후입니까?
B : 아니요, 오전 중에 있습니다. 그러니까 오늘은 빨리 돌아가지 않으면 안됩니다.
A : 아아, 그렇습니까.

木村(きむら)さん、明日(あした)の発表(はっぴょう)は午後(ごご)ですか？

いいえ、午前中(ごぜんちゅう)です。だから、今日(きょう)は、はやく帰(かえ)らないといけないんです。

ああ、そうですか。

한국어 역
A : 기무라씨. 내일 발표는 오후세요?
B : 아니요, 오전중에 있어요. 그러니까 오늘은 빨리 돌아가지 않으면 안 돼요.
A : 아아, 그러세요.

포인트 체크

➜ **의무표현 Ⅱ**

- 정중표현: 동사(미연형)+ないといけません (-지 않으면 안됩니다)

  예) 行(い)かないといけません。　　　가지 않으면 안 됩니다.

  　　起(お)きないといけません。　　　일어나지 않으면 안 됩니다.

  　　しないといけません。　　　　　하지 않으면 안 됩니다.

  　　来(こ)ないといけません。　　　오지 않으면 안 됩니다.

- 보통표현: 동사(미연형)+ないといけない (-지 않으면 안 된다)

  예) 行(い)かないといけない。　　　가지 않으면 안 된다.

  　　起(お)きないといけない。　　　일어나지 않으면 안 된다.

  　　しないといけない。　　　　　하지 않으면 안 된다.

  　　来(こ)ないといけない。　　　오지 않으면 안 된다.

パフェ(洋菓子)

バリエーション 2

いろいろなバリエーションで練習しよう

남자주인공 버전	여자주인공 버전
(A는20대 중반에서 30대 초반의 남자)	(A는20대 중반에서 30대 초반의 여자)

1 소원한 동년배 남자 B에게 발표가 언제인지 물을 때

A：野村(のむら)さん、明日(あした)の発表(はっぴょう)は午後(ごご)ですか？

노무라씨. 내일 발표는 오후입니까?

B：いいえ、午前中(ごぜんちゅう)です。だから、今日(きょう)は、はやく帰(かえ)らないといけないんです。

아니요, 오전 중에 있습니다. 그러니까 오늘은 빨리 돌아가지 않으면 안됩니다.

A：ああ、そうですか。

아아, 그렇습니까.

2 친한 동년배 남자 B에게 발표가 언제인지 물을 때

A：たもつ、明日(あした)の発表(はっぴょう)は午後(ごご)？

다모쯔. 내일 발표 오후니?

B：いや、午前中(ごぜんちゅう)。だから、今日(きょう)ははやく帰(かえ)らないと…。

아니, 오전 중이야. 그러니까 오늘은 빨리 돌아가지 않으면 안돼.

A：ああ、そう。

아아, 그래.

① 소원한 동년배 여자 B에게 발표가 언제인지 물을 때

A：木村(きむら)さん、明日(あした)の発表(はっぴょう)は午後(ごご)ですか？

기무라씨. 내일 발표는 오후세요?

B：いいえ、午前中(ごぜんちゅう)です。だから、今日(きょう)は、はやく帰(かえ)らないといけないんです。

아니요, 오전중에 있어요. 그러니까 오늘은 빨리 돌아가지 않으면 안 돼요.

A：ああ、そうですか。

아아, 그러세요.

② 친한 동년배 여자 B에게 발표가 언제인지 물을 때

A：ゆかり、明日(あした)の発表(はっぴょう)は午後(ごご)？

유카리. 내일 발표 오후니?

B：ううん、午前中(ごぜんちゅう)なの。だから、今日(きょう)は、はやく帰(かえ)らなきゃ…。

으응, 오전중이야. 그러니까 오늘은 빨리 돌아가지 않으면 안돼.

A：ああ、そうなの。

아아, 그러니.

KY式 日本語

[TD]=Tenshon Daun (テンション ダウン)

유지하고 있던 기분이나 고조된 감정이, 어떠한 계기로 저하되는 것. 할 의욕을 잃어 버리는 것, 또는 그 상태.

> アゲアゲでやってたのに、ああいわれちゃいきなりTD。
> 더 높게 더 높게 하는 식으로 해 왔는데, 그렇게 말씀하시면 갑자기 의기소침.

- 꽤 많이 사용되는 KY어로 심각하게 의기소침한 상태를 말하는 것은 아니다. 요사이의 젊은이는 옛날 젊은이와 비교해서 감정의 기복이 심하기 때문에 이러한 말이 사용된 것이다라고 취급하는 것은 바르지 않다.

北原保雄編著(2008)『KY式日本語』大修館書店より

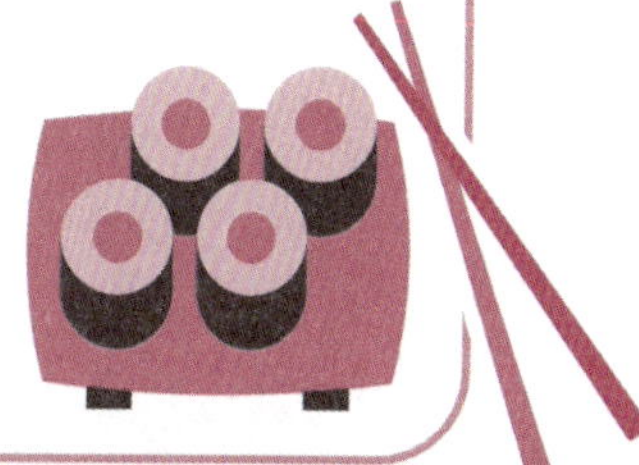

 金(キム)さん、日本(にほん)へ 行(い)ったことがあります か?

 はい、行(い)ったことがあります。とてもよかったです。

 ああ、そうですか。

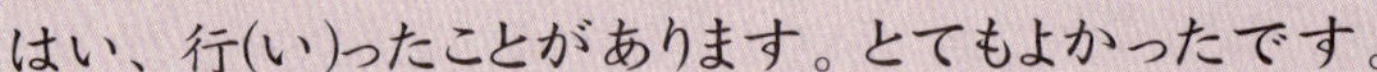

A : 김○○씨, 일본에 간 적이 있습니까?
B : 예, 간 적이 있습니다. 너무 좋았습니다.
A : 아 그렇습니까?

 金(キム)さん、日本(にほん)へ 行(い)ったことがあります か?

 はい、行(い)ったことがあります。とてもよかったです。

 ああ、そうですか。

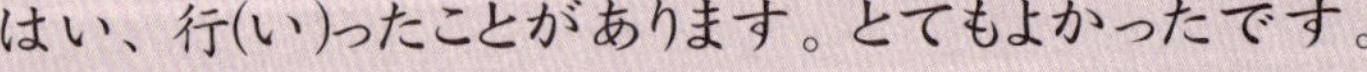

A : 김○○씨. 일본에 간 적이 있으세요?
B : 예, 간 적이 있어요. 너무 좋았어요.
A : 아 그랬어요?

포인트 체크

➲ 경험표현

- 정중표현: 동사+たことがあります (-ㄴ/은 적이 있습니다)

  예) 行(い)ったことがあります。　　간 적이 있습니다.

  　　起(お)きたことがあります。　　일어난 적이 있습니다.

  　　したことがあります。　　한 적이 있습니다.

  　　来(き)たことがあります。　　온 적이 있습니다.

- 보통표현: 동사+たことがある (-ㄴ/은 적이 있다)

  예) 行(い)ったことがある。　　간 적이 있다.

  　　起(お)きたことがある。　　일어난 적이 있다.

  　　したことがある。　　한 적이 있다.

  　　来(き)たことがある。　　온 적이 있다.

みそカツサンド(名古屋(なごや)の名物(めいぶつ))

バリエーション 3　いろいろなバリエーションで練習しよう

<table>
<tr><td>

남자주인공 버전
(A는20대 중반에서 30대 초반의 남자)

</td><td>

여자주인공 버전
(A는20대 중반에서 30대 초반의 여자)

</td></tr>
</table>

1 소원한 동년배 남자 B에게 일본에 간 적이 있는지 물을 때

A : 金（キム）さん、日本（にほん）へ行（い）った
　　ことがありますか？
　　김○○씨, 일본에 간 적이 있습니까?

B : はい、行（い）ったことがあります。とて
　　もよかったです。
　　예, 간 적이 있습니다. 너무 좋았습니다.

A : ああ、そうですか。
　　아 그렇습니까?

2 친한 동년배 남자 B에게 일본에 간 적이 있는지 물을 때

A : ミンウ、日本（にほん）へ行（い）ったこ
　　とある？
　　민우야, 일본에 간 적 있니?

B : ああ、行（い）ったことあるよ。とてもよ
　　かったよ。
　　응, 간 적 있어. 너무 좋았어.

A : ああ、そう。
　　아 그래.

① 소원한 동년배 여자 B에게 일본에 간 적이 있는지 물을 때

A : 金（キム）さん、日本（にほん）へ行（い）った
　　ことがありますか？
　　김○○씨. 일본에 간 적이 있으세요?

B : はい、行（い）ったことがあります。とて
　　もよかったです。
　　예, 간 적이 있어요. 너무 좋았어요.

A : ああ、そうですか。
　　아 그랬어요?

② 친한 동년배 여자 B에게 일본에 간 적이 있는지 물을 때

A : ジミンちゃん、日本（にほん）へ行（い）ったこ
　　とある？
　　지민아, 일본에 간 적 있니?

B : うん、行（い）ったことあるよ。とてもよ
　　かったよ。
　　응, 간 적 있어. 너무 좋았어.

A : ああ、そう。
　　아 그래.

▌ 남자 주인공 버전 (A는 20대 중반에서 30대 초반의 남자, B는 동년배 남자)

1 소원한 동년배 남자에게 몇 시에 일어날 지를 물을 때

A：(　　　　　)さん、明日(あした)は何時(なんじ)に起(お)きますか？
(사람이름)씨. 내일 몇 시에 일어납니까?

B：明日(あした)は(　　　)に起(お)きなければなりません。会議(かいぎ)があるので…。
내일은 (시간)에 일어나지 않으면 안됩니다. 회의가 있어서요.

A：ああ、そうですか。大変(たいへん)ですね。
아 그렇습니까. 힘드시겠네요.

2 친한 동년배 남자에게 몇 시에 일어날 지를 물을 때

A：(　　　　　)、明日(あした) 何時(なんじ)に起(お)きる？
(사람이름). 내일 몇 시에 일어나니?

B：明日(あした)は(　　　　)に起(お)きなきゃ…。会議(かいぎ)があるんだ。
내일은 (시간)에 일어나지 않으면 안돼. 회의가 있어.

A：ああ、そう。大変(たいへん)だな。
아 그래. 힘들겠네.

▌ 여자 주인공 버전 (A는 20대 중반에서 30대 초반의 여자, B는 동년배 여자)

① 소원한 동년배 여자에게 몇 시에 일어날 지를 물을 때

A：(　　　　　)さん、明日(あした)は何時(なんじ)に起(お)きますか？
(사람이름)씨. 내일 몇 시에 일어나세요?

B：明日(あした)は(　　　)に起(お)きなければなりません。会議(かいぎ)があるので…。
내일은 (시간)에 일어나지 않으면 안 돼요. 회의가 있어서요.

A：ああ、そうですか。 大変(たいへん)ですね。
아 그러세요. 힘드시겠네요

② 친한 동년배 여자에게 몇 시에 일어날 지를 물을 때

A：(　　　　　)、明日(あした)は何時(なんじ)に起(お)きる？
(사람이름). 내일 몇 시에 일어나니?

B：明日(あした)は(　　　　)に起(お)きなきゃ…。会議(かいぎ)があるの。
내일은 (시간)에 일어나지 않으면 안 돼. 회의가 있어.

A：ああ、そう。大変(たいへん)だね。
아 그래. 힘들겠네.

🔍 말하기 연습

▌남자 주인공 버전 (A는 20대 중반에서 30대 초반의 남자, B는 동년배 남자)

1 소원한 동년배 남자 B에게 어디에 간 적이 있는지 물을 때

A : (　　　　)さん、(　　　　　)へ 行(い)ったことがありますか？
　　(사람이름)씨, (나라이름)에 간 적이 있습니까？

B : はい、行(い)ったことがあります。とてもよかったです。
　　예, 간 적이 있습니다. 너무 좋았습니다.

A : ああ、そうですか。
　　아 그렇습니까？

2 친한 동년배 남자 B에게 어디에 간 적이 있는지 물을 때

A : (　　　　)、(　　　　　)へ 行(い)ったことある？
　　(사람이름), (나라이름)에 간 적 있니？

B : ああ、行(い)ったことあるよ。とてもよかったよ。
　　응, 간 적 있어. 너무 좋았어.

A : ああ、そう。
　　아 그래.

▌여자 주인공 버전 (A는 20대 중반에서 30대 초반의 여자, B는 동년배 여자)

① 소원한 동년배 여자 B에게 어디에 간 적이 있는지 물을 때

A : (　　　　)さん、(　　　　　)へ 行(い)ったことがありますか？
　　(사람이름)씨. (나라이름)에 간 적이 있으세요？

B : はい、行(い)ったことがあります。とてもよかったです。
　　예, 간 적이 있어요. 너무 좋았어요.

A : ああ、そうですか。
　　아 그랬어요？

② 친한 동년배 여자 B에게 어디에 간 적이 있는지 물을 때

A : (　　　　)ちゃん、(　　　　　)へ 行(い)ったことある？
　　(사람이름), (나라이름)에 간 적 있니？

B : うん、行(い)ったことあるよ。とてもよかったよ。
　　응, 간 적 있어. 너무 좋았어.

A : ああ、そう。
　　아 그래.

방언으로 듣는 모모타로우

┃ 鹿児島県(かごしまけん)鹿児島市(かごしまし) 화자의 모모타로우 

ムカシ　ムカンノコンジャッタ　アルトコイ　オジイサント　オバッサンガ　オイヤッタチワイ
옛날　　옛날　　　　　　　　　　어떤 곳에　할아버지와　　할머니가　　　　있었습니다.

オジイサンガ　ヤマセー　シバカイケイッテ　オバッサンナ　カワヘ
할아버지는　　　산에　　　나무하러　　　　할머니는　　　개울에
センタクイッキャッタチワェ
빨래를 하러 갔습니다.

オバッサンガ　センタクヲ　シチョヤッタラ　カワカンノホウカラ　フトカーモモガ
할머니가　　　　빨래를　　　하고 있는데　　냇가 윗쪽에서　　　커다란 복숭아가

ドンブラコ　ドンブラコッチー　ナガレッキモシタ。　オバッサンナ　ソンモモ
둥실 둥실　　　　　　　　　　떠내려 왔습니다.　할머니는　　　　그 복숭아를
ヒロオテ　ウチ　モドイヤッタ
주워서　　집으로 돌아왔습니다.

オバッサンガ　モモヲ　キロチシタナラ　モモガ　フタツ　ワレテ
할머니가　　　복숭아를　자르려고 하자　복숭아가 두 개로 갈라져

ナカカラ　フトカーオトコンコガ　ウマレモシタ
안에서　　커다란 남자아이가　　　태어났습니다.

オジイサント　オバッサンガ　ソンコニ　　モモタロウチュウ　ナヲ　ツケモシタ
할아버지와　　할머니는　　　그 아이에게 모모타로우라고 하는 이름을　붙였습니다.

- オイヤッタチワイ いらっしゃったそうだ。계셨다고 한다. オイヤッタ는 「おりやった」의 변화한 어.

- ヤマセー 山へ 산에.

- シバカイケ 芝刈りに。나무하러.

- フトカー 大きい。크다. フトイ는 「大きい 크다」의 뜻.

- 「コッヂャッタ」(ことだった-였다)와 같이 「～だ-다」라고 할 때 ヂャ를 사용함. ヂャ는 「である-이다」의 변화한 것. 말의 음이 「ッ」와 같은 형태가 되는 것은 鹿児島 방언의 커다란 특징의 하나임.

- 「シチョヤッタラ」(していられたら-하고 계신데)와 같이 계속을 나타내는 「チョル」나, 존경을 나타내는 「ヤル」를 이용함.

- 「ナガレッキモシタ」(流れてきました 흘러왔습니다)와 같이 「ました -았/었습니다」를 말할 때 モシタ를 사용함.

- 「フトカー」(ふとい 뚱뚱하다)와 같이 형용사의 어미 「イ」가 「カ」로 된다.

佐藤亮一(さとうりょういち)監修(2002)『方言の地図帳』小学館より

第13課

희망표현과 가능표현

[학습내용]

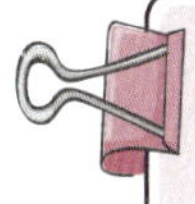

- □ 정중한 희망표현
- □ 보통의 희망표현
- □ 정중한 가능표현
- □ 보통의 가능표현

水菓子 : デザート

새로운 단어

☐ ～たいですか	-고 싶습니까?	
☐ ～たい	-고 싶다	
☐ 六本木(ろっぽんぎ)	롯퐁기(지명)	
☐ 新宿(しんじゅく)	신쥬쿠(지명)	
☐ 原宿(はらじゅく)	하라쥬쿠(지명)	
☐ 渋谷(しぶや)	시부야(지명)	
☐ 池袋(いけぶくろ)	이케부쿠로(지명)	
☐ 秋葉原(あきはばら)	아키아바라(지명)	
☐ 銀座(ぎんざ)	긴자(지명)	
☐ ディズニーランド	디즈니랜드	
☐ 会議(かいぎ)	회의	
☐ 会合(かいごう)	회합	
☐ コンパ	미팅	
☐ 例会(れいかい)	정례회	
☐ 大会(たいかい)	대회	

☐ ～ことができますか	-ㄹ/을 수 있습니까?	
☐ 無理(むり)だ	무리다	
☐ ～ことができる	-ㄹ/을 수 있다	
☐ 中国語(ちゅうごくご)	중국어	
☐ 韓国語(かんこくご)	한국어	
☐ 英語(えいご)	영어	
☐ ドイツ語(ご)	독일어	
☐ フランス語(ご)	프랑스어	
☐ ロシア語(ご)	러시아어	
☐ 話(はな)せる	말할 수 있다	
☐ 話(はな)せますか	말할 수 있습니까?	
☐ うらやましい	부럽다	
☐ すごい	대단하다	

ひつまぶし(名古屋の名物)

野村(のむら)さん、明日(あした)、行(い)きたいところ
はありますか？

明日(あした)ですか。六本木(ろっぽんぎ)へ行(い)き
たいです。

六本木(ろっぽんぎ)ですか。はい、分(わ)かりました。

한국어 역
A : 노무라씨, 내일, 가고 싶은 곳이 있습니까?
B : 내일 말씀이세요. 롯퐁기에 가고 싶습니다.
A : 롯퐁기 말씀이세요. 예 알겠습니다.

木村(きむら)さん、明日(あした)、行(い)きたいところは
ありますか？

明日(あした)ですか。六本木(ろっぽんぎ)へ行(い)き
たいです。

六本木(ろっぽんぎ)ですか。はい、分(わ)かりました。

한국어 역
A : 기무라씨, 내일, 가고 싶은 곳이 있습니까?
B : 내일 말씀이세요. 롯퐁기에 가고 싶어요.
A : 롯퐁기 말씀이세요. 예 알겠어요.

포인트 체크

희망표현

- 정중한 서술형: 동사(연용형)+たいです (1인칭에 씀. –하고 싶습니다.)
  예) 六本木(ろっぽんぎ)へ行(い)きたいです。 롯퐁기에 가고 싶습니다.

- 보통의 서술형: 동사(연용형)+たい (1인칭에 씀. –하고 싶다.)
  예) 六本木(ろっぽんぎ)へ行(い)きたい。 롯퐁기에 가고 싶다.

- 정중한 의문형: 동사(연용형)+たいですか (2인칭에 씀. –하고 싶습니까?)
  예) どこへ行(い)きたいですか。 어디에 가고 싶습니까?

- 보통의 의문형: 동사(연용형)+たい(の) (2인칭에 씀. –하고 싶니?)
  예) どこへ行(い)きたい(の)。 어디에 가고 싶니?

あんかけスパゲッティ(名古屋の名物)

バリエーション 1

いろいろなバリエーションで練習しよう

남자주인공 버전

(A는20대 중반에서 30대 초반의 남자)

1 소원한 동년배 남자에게 어디에 갈 지를 물을 때

A : 野村(のむら)さん、明日(あした)、行
(い)きたいところはありますか？

노무라씨, 내일, 가고 싶은 곳이 있습니까?

B : 明日(あした)ですか。六本木(ろっぽ
んぎ)へ行(い)きたいです。

내일 말씀이세요. 롯퐁기에 가고 싶습니다.

A : 六本木(ろっぽんぎ)ですか。はい、
分(わ)かりました。

롯퐁기 말씀이세요. 예 알겠습니다.

2. 친한 동년배 남자에게 어디에 갈 지를 물을 때

A : たもつ、明日(あした)はどこへ行(い)
きたい？

다모쯔, 내일은 어디에 가고 싶냐?

B : 明日(あした)。六本木(ろっぽんぎ)
へ行(い)きたいな。

내일. 롯퐁기에 가고 싶다.

A : 六本木(ろっぽんぎ)。ああ、分(わ)
かった。

롯퐁기 말이냐. 응 알았다.

여자주인공 버전

(A는20대 중반에서 30대 초반의 여자)

① 소원한 동년배 여자에게 어디에 갈 지를 물을 때

A : 木村(きむら)さん、明日(あした)、行
(い)きたいところはありますか？

기무라씨, 내일, 가고 싶은 곳이 있습니까?

B : 明日(あした)ですか。六本木(ろっぽ
んぎ)へ行(い)きたいです。

내일 말씀이세요. 롯퐁기에 가고 싶어요.

A : 六本木(ろっぽんぎ)ですか。はい、
分(わ)かりました。

롯퐁기 말씀이세요. 예 알겠어요.

② 친한 동년배 여자에게 어디에 갈 지를 물을 때

A : ゆかり、明日(あした)はどこへ行(い)
きたい？

유카리, 내일은 어디에 가고 싶니?

B : 明日(あした)。六本木(ろっぽんぎ)
へ行(い)きたいな。

내일? 롯퐁기에 가고 싶어.

A : 六本木(ろっぽんぎ)。うん、分(わ)
かった。

롯퐁기 말이니. 응 알았어.

KY式 日本語

[WD]=Wadai Henkou (話題変更)

지금까지의 회화나 통신 내용에서 다른 화제로 전환하는 것.

WH、あの先輩、超カッコよくない?

다른 이야기인데, 그 선배, 너무 멋있지 않니?

• 자연스러운 화제변경 뿐만이 아니라 지금까지의 화제를 끝내고 싶다고 하는 의도가 있는 경우도 많다.

北原保雄編著(2008)『KY式日本語』大修館書店より

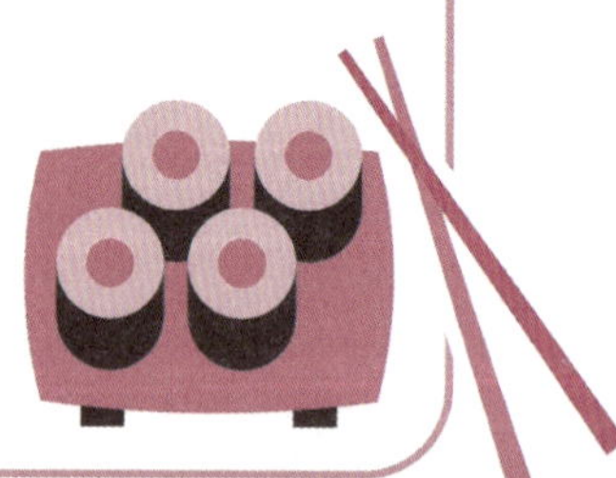

野村(のむら)さん、明日(あした)の会議(かいぎ)に出(で)ることができますか？

あ、すみません。明日(あした)は用事(ようじ)があるんです。

ああ、そうですか。分(わ)かりました。

한국어 역   A : 노무라씨. 내일 회의에 갈 수 있습니까?
B : 아, 죄송합니다. 내일은 일이 있습니다.
A : 아아, 그렇습니까. 알겠습니다.

木村(きむら)さん、明日(あした)の会議(かいぎ)に出(で)ることができますか？

あ、すみません。明日(あした)は用事(ようじ)があるんです。

ああ、そうなんですか。分(わ)かりました。

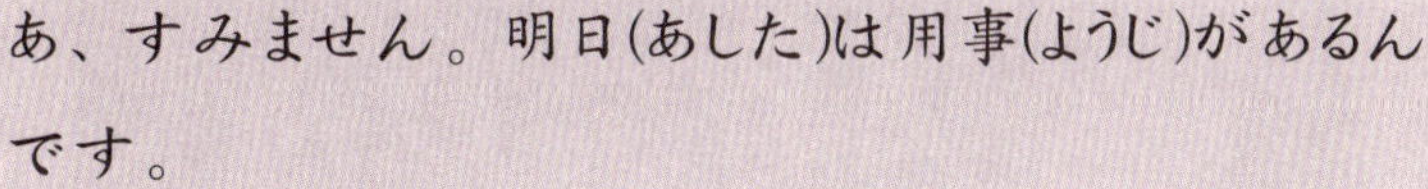

한국어 역   A : 기무라씨. 내일 회의에 갈 수 있으세요?
B : 아, 죄송해요. 내일은 일이 있어요.
A : 아아, 그러세요. 알겠습니다.

➲ 가능표현 I

- 정중표현: 동사(연체형)+ことができます(- ㄹ/을 수가 있습니다.)

  예) 会議(かいぎ)に出(で)ることができます。

  회의에 나갈 수가 있습니다.

- 보통표현: 동사(연체형)+ことができる(- ㄹ/을 수가 있다.)

  예) 会議(かいぎ)に出(で)ることができる。

  회의에 나갈 수가 있다.

きしめん(名古屋の名物)

バリエーション2　いろいろなバリエーションで練習しよう

남자주인공 버전	여자주인공 버전
(A는 20대 중반에서 30대 초반의 남자)	(A는 20대 중반에서 30대 초반의 여자)

1 소원한 동년배 남자 B에게 회의에 갈 수 있는지 물을 때

A：野村（のむら）さん、明日（あした）の会
議（かいぎ）に出（で）ることができます
か？

　노무라씨. 내일 회의에 갈 수 있습니까?

B：あ、すみません。明日（あした）は用
事（ようじ）があるんです。

　아, 죄송합니다. 내일은 일이 있습니다.

A：ああ、そうですか。分（わ）かりまし
た。

　아아, 그렇습니까. 알겠습니다

2 친한 동년배 남자 B에게 회의에 갈 수 있는지 물을 때

A：たもつ、明日（あした）の会議（かい
ぎ）に出（で）ることできる？

　다모쯔. 내일 회의에 갈 수 있나?

B：いや、明日（あした）はちょっと無理（む
り）…。

　아니, 내일은 좀 무리야.

A：そうなんだ…。

　아아, 그래.

**① 소원한 동년배 여자 B에게 내일 회의에 갈 수 있는지
물을 때**

A：木村（きむら）さん、明日（あした）の会
議（かいぎ）に出（で）ることができます
か？

　기무라씨. 내일 회의에 갈 수 있으세요?

B：あ、すみません。明日（あした）は用
事（ようじ）があるんです。

　아, 죄송해요. 내일은 일이 있어요.

A：ああ、そうなんですか。分（わ）かりま
した。

　아아, 그러세요.　알겠습니다.

**② 친한 동년배 여자 B에게 내일 회의에 갈 수 있는지 물
을 때**

A：ゆかり、明日（あした）の会議（かいぎ）
に出（で）ることできる？

　유카리. 내일 회의에 갈 수 있니?

B：ごめん。ちょっと無理（むり）そう。

　미안, 좀 무리일 것 같아.

A：えっ、そうなの。なんで？

　아, 그래. 왜?

野村(のむら)さん。中国語(ちゅうごくご)が 話(はな)せますか？

はい、話(はな)せます。

ああ、そうですか。うらやましいです。

한국어 역
A : 노무라씨. 중국어 할 수 있습니까?
B : 예, 할 수 있습니다.
A : 아 그렇습니까? 부럽습니다.

木村(きむら)さん、中国語(ちゅうごくご)が 話(はな)せますか？

ええ、話(はな)せます。

ああ、そうですか。うらやましいですね。

한국어 역
A : 기무라씨, 중국어 할 수 있으세요?
B : 예, 할 수 있어요.
A : 아 그러세요? 부러워요.

포인트 체크

➜ **가능표현Ⅱ**

- 정중표현

-u동사	話(はな)します 말합니다.	→	話(はな)せます 말할 수 있습니다.
-ru동사	食(た)べます 먹습니다.	→	食(た)べられます 먹을 수 있습니다.
-する	します 합니다.	→	できます 할 수 있습니다.
-来(く)る	来(き)ます 옵니다.	→	来(こ)られます 올 수 있습니다.

- 보통표현

-u동사	話(はな)す 말하다.	→	話(はな)せる 말할 수 있다.
-ru동사	食(た)べる 먹다.	→	食(た)べられる 먹을 수 있다.
-する	する 하다.	→	できる 할 수 있다.
-来(く)る	来(く)る 오다.	→	来(こ)られる 올 수 있다.

かてい りょうり
家庭料理

バリエーション 3

いろいろなバリエーションで練習しよう

남자주인공 버전
(A는 20대 중반에서 30대 초반의 남자)

1 소원한 동년배 남자 B에게 중국어를 할 수 있는지 물을 때

A：野村(のむら)さん。中国語(ちゅうごくご)が話(はな)せますか？

노무라씨. 중국어 할 수 있습니까?

B：はい、話(はな)せます。

예, 할 수 있습니다.

A：ああ、そうですか。うらやましいです。

아 그렇습니까? 부럽습니다.

2 친한 동년배 남자 B에게 중국어를 할 수 있는 지 물을 때

A：たもつ、中国語(ちゅうごくご)、話(はな)せる？

다모쯔, 중국어 할 수 있나?

B：ああ、話(はな)せるよ。

응, 할 수 있어.

A：そうなんだ。すごい。

아 그래. 대단한데.

여자주인공 버전
(A는 20대 중반에서 30대 초반의 여자)

① 소원한 동년배 여자 B에게 중국어를 할 수 있는 지 물을 때

A：木村(きむら)さん、中国語(ちゅうごくご)が話(はな)せますか？

기무라씨, 중국어 할 수 있으세요?

B：ええ、話(はな)せます。

예, 할 수 있어요.

A：ああ、そうですか。うらやましいですね。

아 그러세요? 부러워요.

② 친한 동년배 여자 B에게 중국어를 할 수 있는 지 물을 때

A：ゆかり、中国語(ちゅうごくご)、話(はな)せる？

유카리, 중국어 할 수 있니?

B：うん、話(はな)せる。

응, 할 수 있어.

A：ああ、そう。いいな。

아 그래. 좋겠다 얘

焼(や)きそば

말하기 연습

▌남자 주인공 버전 (A는 20대 중반에서 30대 초반의 남자, B는 동년배 남자)

1 소원한 동년배 남자에게 어디에 갈 지를 물을 때

A：（　　　　　　）さん、明日（あした）、行（い）きたいところはありますか？
　　(사람이름)씨, 내일, 가고 싶은 곳이 있습니까?

B：明日（あした）ですか。（　　　　　　）へ行（い）きたいです。
　　내일 말씀이세요. (장소명사)에 가고 싶습니다.

A：（　　　　　　）ですか。はい、分（わ）かりました。
　　(장소명사) 말씀이세요. 예 알겠습니다.

2 친한 동년배 남자에게 어디에 갈 지를 물을 때

A：（　　　　　　）、明日（あした）はどこへ行（い）きたい？
　　(사람이름), 내일은 어디에 가고 싶냐?

B：明日（あした）。（　　　　　　）へ行（い）きたいな。
　　내일. (장소명사)에 가고 싶다.

A：（　　　　　　）。ああ、分（わ）かった。
　　(장소명사) 말이냐. 응 알았다.

▌여자 주인공 버전 (A는 20대 중반에서 30대 초반의 여자, B는 동년배 여자)

① 소원한 동년배 여자에게 어디에 갈 지를 물을 때

A：（　　　　　　）さん、　明日（あした）、行（い）きたいところはありますか？
　　(사람이름)씨, 내일, 가고 싶은 곳이 있습니까?

B：明日（あした）ですか。（　　　　　　）へ行（い）きたいです。
　　내일 말씀이세요. (장소명사)에 가고 싶어요.

A：（　　　　　　）ですか。はい、分（わ）かりました。
　　(장소명사) 말씀이세요. 예 알겠어요.

② 친한 동년배 여자에게 어디에 갈 지를 물을 때

A：（　　　　　　）、明日（あした）はどこへ行（い）きたい？
　　(사람이름), 내일은 어디에 가고 싶니?

B：明日（あした）。（　　　　　　）へ行（い）きたいな。
　　내일. (장소명사)에 가고 싶어.

A：（　　　　　　）。うん、分（わ）かった。
　　(장소명사) 말이니. 응 알았어.

▌남자 주인공 버전 (A는 20대 중반에서 30대 초반의 남자, B는 동년배 남자)

1 소원한 동년배 남자 B에게 어떤 모임에 갈 수 있는지 물을 때

A：(　　　　　)さん、明日(あした)の(　　　　　)に出(で)ることができますか？
（ 사람이름 ）씨, 내일 (명사)에 갈 수 있습니까?

B：あ、すみません。明日(あした)は用事(ようじ)があるんです。
아, 죄송합니다. 내일은 일이 있습니다.

A：ああ、そうですか。分(わ)かりました。
아아, 그렇습니까. 알겠습니다.

2 친한 동년배 남자 B에게 어떤 모임에 갈 수 있는지 물을 때

A：(　　　　　)、明日(あした)の(　　　　　)に出(で)ることできる？
（ 사람이름 ）, 내일 (명사)에 갈 수 있나?

B：いや、明日(あした)はちょっと無理(むり)…。
아니, 내일은 좀 무리야.

A：そうなんだ…。
아아, 그래.

▌여자 주인공 버전 (A는 20대 중반에서 30대 초반의 여자, B는 동년배 여자)

① 소원한 동년배 여자 B에게 내일 어떤 모임에 갈 수 있는지 물을 때

A：(　　　　　)さん、明日(あした)の(　　　　　)に出(で)ることができますか？
（ 사람이름 ）씨, 내일 (명사)에 갈 수 있으세요?

B：あ、すみません。明日(あした)は用事(ようじ)があるんです。
아, 죄송해요. 내일은 일이 있어요.

A：ああ、そうなんですか。分(わ)かりました。
아아, 그러세요. 알겠어요.

② 친한 동년배 여자 B에게 내일 어떤 모임에 갈 수 있는지 물을 때

A：(　　　　　)、明日(あした)の(　　　　　)に出(で)ることできる？
（ 사람이름 ）, 내일 (명사)에 갈 수 있니?

B：ごめん。ちょっと無理(むり)そう。
미안, 좀 무리일 것 같아.

A：えっ、そうなの。なんで？
아, 그래. 왜?

▌남자 주인공 버전 (A는 20대 중반에서 30대 초반의 남자, B는 동년배 남자)

1 소원한 동년배 남자 B에게 외국어를 할 수 있는지 물을 때

A : (　　　　　)さん。(　　　　　　)が話(はな)せますか？
　　(사람이름)씨. (언어이름) 할 수 있습니까?

B : はい、話(はな)せます。
　　예, 할 수 있습니다.

A : ああ、そうですか。うらやましいです。
　　아 그렇습니까?　부럽습니다

2 친한 동년배 남자 B에게 외국어를 할 수 있는 지 물을 때

A : (　　　　)、(　　　　　　)、話(はな)せる？
　　(사람이름), (언어이름) 할 수 있나?

B : ああ、話(はな)せるよ。
　　응, 할 수 있어.

A : そうなんだ。すごい。
　　아 그래. 대단한데

▌여자 주인공 버전 (A는 20대 중반에서 30대 초반의 여자, B는 동년배 여자)

① 소원한 동년배 여자 B에게 외국어를 할 수 있는 지 물을 때

A : (　　　　　)さん、(　　　　　)が話(はな)せますか？
　　(사람이름)씨, (언어이름)로 할 수 있으세요?

B : ええ、話(はな)せます。
　　예, 할 수 있어요.

A : ああ、そうですか。うらやましいですね。
　　아 그러세요?　부러워요

② 친한 동년배 여자 B에게 외국어를 할 수 있는 지 물을 때

A : (　　　　　)、(　　　　　)、話(はな)せる？
　　(사람이름), (언어이름) 할 수 있니?

B : うん、話(はな)せる。
　　응, 할 수 있어.

A : ああ、そう。いいな。
　　아 그래. 좋겠다 얘.

방언으로 듣는 모모타로우

ムカシ　ムカシ　アルトコロンカイ　タンメート　ンメーガ　メンシェービータン
옛날　　옛날　　어떤 곳에　　　　할아버지와　할머니가 있었습니다.

タンメーヤ　ヤマンカイ　タムンアガネーイガ　ンメーヤ　カーランカイ
할아버지는　산에　　　나무하러　　　　　할머니는　개울에
チンチュルガー　アライガイチャビタン
빨래를　　　　　하러 갔습니다.

ンメーガ　チンチュルカー　アラトーンデシーネー　カーラヌ　イームティーカラ
할머니가　빨래를 하고 있는데　　　　　　　냇가　　윗쪽에서 커다란
マギサルモモノ
복숭아가

アマナイ　クマナイ　ユッタイコッタイソーティ　ナガリティチャービタン
둥실　　　둥실　　떠내려 왔습니다.

ンメーヤ　ウムモム　　スコティ　ウチンカイ　モドティイチャービタン
할머니는 그 복숭아를 주워서　　집으로 돌아왔습니다.

ンメーガ　ムム　　　　サカスンデ　サビタクット　モモノターチンカイ　ケーワリティ
할머니가 복숭아를　자르려고 하자　　　　　복숭아가 두 개로　　갈라져

ナーカカラ　アティッテーンソール　イキカワラビノ　マレテチャービタン
안에서　　　커다란 남자아이가　　　　　　　　　태어났습니다.

タンメート　メーヤ　ウモ　クァンカイ　モモタロウンデ　イチ　ナヅケサービタン
할아버지와 할머니는　그　아이에게　모모타로우라고 하는　　이름을 붙였습니다.

- タンメー おじいさん。할아버지.

- ンメー おばあさん。할머니 .

- メンシェービータン いらっしゃいました。계셨습니다.

- タムン たきぎ。땔감.

- チンチュルカー 着物。옷.

- マギサル 大きい(連体形)。큰. 종지형은 マギサン。크다.

- チャービタン 来ました。왔습니다.

- サカスンディサビタクゥ 割ろうとすると。가르려고 하자.

- ターチ 二つ。두 개.

- アティッテーンソール あとげない顔の。순진한. 幼い。어린.

- イキガワラビ 男の子。남자아이.

- 「トゥクルンカイ」(ところに 곳에)、「ヤマンカイ」(山へ 산으로)와 같이、「〜に」「〜へ」를 말할 때 ンカイ를 사용함.

- 「ムム」(桃 복숭아)、「ナガリティ」(流れて 흘러)와 같이 オ段音이 ウ段音으로, エ段音이 イ段이 됨.

佐藤亮一(さとうりょういち)監修(2002)『方言の地図帳』小学館より

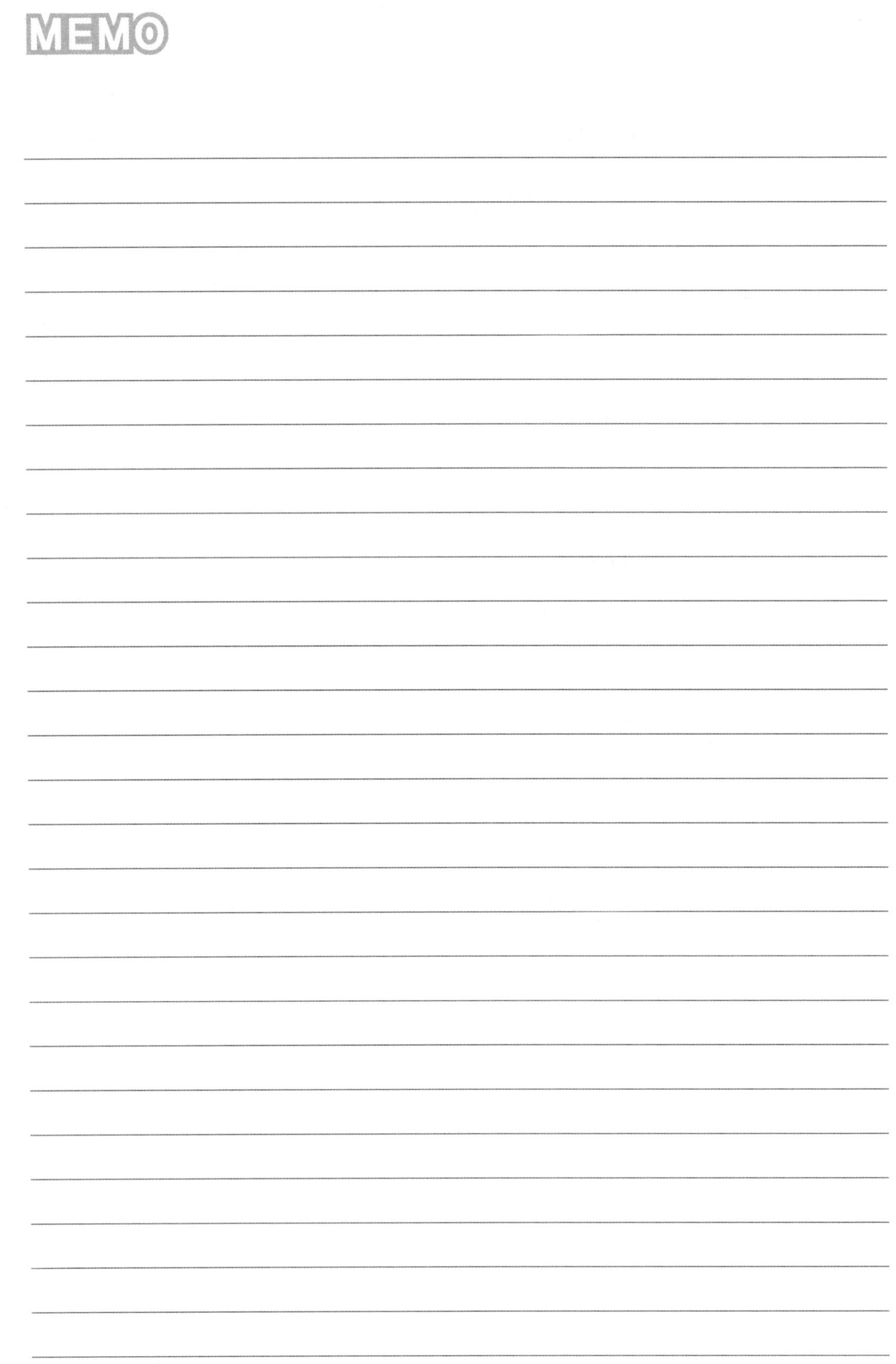
MEMO

저 자 약 력

┃ 정 현 혁 (鄭炫赫)

1993년 한국외국어대학교 일본어과 졸업
1995년 한국외국어대학교대학원 일어일문학과 졸업(문학석사)
2007년 와세다(早稲田)대학대학원 문학연구과 졸업(문학박사)

현 재 사이버한국외국어대학교 일본어학부 교수
　　　　일본어학(일본어사) 전공

논문 및 저서

「キリシタン版国字本の文字・表記に関する研究」
「吉利支丹心得書の仮名遣い―和語を中心に―」
「慶応義塾図書館蔵『狭衣の中将』の使用仮名」
『스마트 일본어』
『한국인이 틀리기 쉬운 일본어 발음』
『일본어학의 이해』
등 다수

┃ 이구치 케이나 (井口恵菜)

현) 한국외국어대학교 언어연수평가원 강사
전) 중원대학교 강사
전) 해성여자고등학교 교사
일본어학교 강사 역임 (일본)
한국외국어대학교 일어일문학과 박사과정 재학 중
언어학 석사

일본어 첫걸음

초 판 인 쇄　2016년 02월 14일
초 판 발 행　2016년 02월 25일

저　　　자　정현혁 · 이구치 케이나
발 행 인　윤석현
발 행 처　제이앤씨
책 임 편 집　최인노 · 김선은
등 록 번 호　제7-220호

우 편 주 소　서울시 도봉구 우이천로 353 성주빌딩 3층
대 표 전 화　02) 992 / 3253
전　　　송　02) 991 / 1285
홈 페 이 지　http://www.jncbms.co.kr
전 자 우 편　jncbook@hanmail.net

ⓒ 정현혁 · 이구치 케이나. 2016. Printed in KOREA

ISBN 979-11-5917-002-7　13730　　　　　　　　　　　정가 18,000원